지배의 법칙

지배의 법칙

충돌하는 국제사회, 재편되는 힘의 질서

이재민 지음

서울대학교
법학전문대학원 교수

서가
명강
36

21세기북스

인문학
人文學, Humanities

철학, 역사학, 종교학, 문학,
고고학, 미학, 언어학

사회과학
社會科學, Social Science

경영학, 정치학, 사회학, 심리학
외교학, 경제학, 법학

자연과학
自然科學, Natural Science

과학, 수학, 의학,
물리학, 지구과학,
화학, 생물학

공학
工學, Engineering

기계공학, 전기공학, 컴퓨터공학,
재료공학, 건축공학, 산업공학

법학
法學, Science of Law

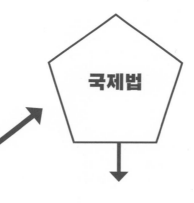

국제법이란?

國際法, International Law

국제사회를 규율하는 법적 규범 전체를 일컫는다. 여기에는 조약과 관습
국제법이 있다. 지금은 대부분 조약으로 국제법이 작동하고 있다.
일부 예외가 있기는 하지만 국제법은 기본적으로 국가와 국가 사이에
적용되는 규범이다.

이 책을 읽기 전에 주요 키워드

국제법(International Law, 國際法)

국가의 행위를 국제적으로 규율하는 법률이다. 국가 간의 협의와 합의를 바탕으로 만들어진다. 여기에는 문서로 작성되는 조약과 여러 국가의 관행을 기초로 성립되는 관습국제법이 있다.

냉전(Cold War, 冷戰)

무력을 동원해 충돌하는 전쟁 이외에 경제, 교역, 기술, 외교 등 여러 분야에서 다양한 방식으로 국가들이 서로 부딪히는 현상을 말한다. 제2차 세계 대전 이후 미국을 필두로 한 서방 진영과 소련을 필두로 한 동구권 진영 사이 대립이 냉전 시대를 열었다. 두 진영이 직접 맞부딪힌 한국전쟁과 베트남전쟁을 거치며 냉전 시대는 극에 달했다.

신냉전 시대(Second Cold War)

2000년대에 들어서 중국이 급격하게 성장하며 2015~2016년을 전후로 새롭게 시작된 주요국 간 진영 대결을 의미한다. 냉전 이후 국제사회에서 절대적 우위를 점하고 있던 미국은 중국의 급격한 성장으로 그 자리를 위협받았다. 그렇게 태평양 지역 패권을 지키고자 하는 미국과 태평양 지역과 인근의 여러 지역으로 세력을 확대하고자 하는 중국 사이에 대결 구도가 시작되었다. 최근에는 우크라이나 전쟁으로 미국·유럽 대 중국·러시아의 대립 체제가 형성되기도 했다.

베스트팔렌 조약(Peace of Westfalen)

1648년 30년전쟁을 끝마치며 유럽 각국이 독일 중부 베스트팔렌 지역에서 맺은 평화 조약이다. 주권국가 간의 국제적 규칙을 처음으로 만든 베스트팔렌 체제는 이후 국제 질서의 법적 토대로 작동하게 된다. 이후 유럽에서 교황 중심의 중세 질서는 소멸하고, 각각 독립적인 주권국가가 탄생하게 된다. 이 질서는 지금도 국제사회의 법적 기초를 이루고 있다.

법률전쟁(Lawfare)

'전쟁'을 뜻하는 'warfare'에서 'war(전쟁)' 대신 'law(법)'를 넣은 말이다. 다시 말해 무력 충돌이 아닌 규범의 대립 또는 그 두 가지가 동시에 동원되어 전개되는 국가 간 대립을 의미한다.

북극 이사회(Arctic Council)

북극 연안 국가들이 북극 환경 보호와 지속 가능한 발전이라는 목표를 달성하기 위해 1996년 구성한 협의체다. 북극 지역에서 주도권을 확보하고자 하는 북극 연안 국가들 간 공동의 노력의 결과다. 아직 조약 단계로까지 발전하지는 않았으나 그 문턱에 서 있다. 러시아, 노르웨이, 덴마크, 핀란드, 스웨덴, 캐나다, 미국, 아이슬란드 총 8개국으로 구성되었다. 우리나라를 포함한 13개 국가가 옵서버로 참여하고 있다.

뉴 스페이스(New Space)

민간 기업들이 우주 산업에 참여하여 수익을 창출하는 민간 차원의 우주 개발을 말한다. 미국에서는 일론 머스크의 스페이스X를 비롯하여 다양한 기업이 지금 우주 산업에 매진하고 있으며, 한국에서도 정부와 민간 기업이 협업하는 새로운 형태로 우주 산업을 발전시키고 있다. 최근 상당한 성과를 내고 경제적 수익도 창출하고 있다.

사일로 효과(Silo Effect)

사일로(Silo)는 곡식을 저장해두는 큰 탑 모양의 창고를 말한다. 국제기구의 사일로 효과란 국제기구별로 각각의 사일로가 따로 있다는 뜻이다. 국제기구가 각각 별도의 성처럼 존재하며 서로 소통하지 않고 저마다의 장벽을 쌓고 있는 현상을 말한다. 단지 현실적인 측면에서만 이러한 별도의 성이 존재하는 것이 아니라 법적인 측면에서도 별도의 성처럼 국제기구들이 운용되도록 요구하고 있기도 하다. 이를 국제법에서는 전문적인 용어로 국제법의 '파편화(fragmentation)' 현상이라 부르기도 한다.

차례

1부   세계를 뒤바꿀 신냉전의 서막

2부   선을 넘는 디지털 시대가 온다

"강대국들이 여러 영역에서 자국의 입장과 이해관계를 상대방에게 전달하고 설득하는 과정이 지금 활발하게 이루어지고 있다. 그리고 이러한 전달 매개체의 핵심이 바로 규범, 국제법이다."

세계 질서를 알면 미래가 열린다

우리는 일상생활에서 무심코 운전을 하고 자연스레 전화를 건다. 편의점에서 물건을 사고 카페에서 커피를 마신다. 기차와 버스를 타고 여행도 하고 맛있는 곳을 찾아 전국 방방곡곡을 찾아다닌다. 넷플릭스로 영화를 시청하고 네이버에서 최저가 상품을 검색한다.

이러한 일상은 어떻게 가능해진 걸까? 물론 이를 가능하게 한 기술적 발전이 그 출발점이다. 그다음에는 이를 운용하기 위한 여러 '규범'이 정비되었기 때문이다.

자동차는 있지만 신호등과 운전 규범이 없다면 길거리는 엉망이 되고 만다. 철도와 도로에 대한 규범이 없다면 회사마다 제각각인 자동차와 기차를 만들 것이다. 편의점에서는 주인 마음대로 물건을 팔거나 팔지 않으며, 카페에서도 주인 마음대로 일회용 컵을 쓰거나 쓰지 않고, 냉난방 온도를 정할 것이다. 가만히 보면 우리 일상생활 대부분은 다양한 규범에 따라 움직이고 있다. 이미 만들어진 규범이 작동하며 우리를 도와주기도 하고, 때로는 우리를 옭아매기도 한다.

만약 마음에 들지 않는 규범이 있다면 어떻게 해야 할까? 다음번 선거에서 내 생각을 지지하는 사람을 국회에 보내 입법이나 법률 개정 작업을 하기를 기대해야 한다. 아니면 스스로 선거에 나서거나 공직에 나가 원하는 변화를 달성하기 위해 직접 노력할 수도 있을 것이다.

이런 메커니즘은 국제사회에서도 그대로 적용된다. 우리를 둘러싼 일상생활은 국내 규범뿐 아니라 국제 규범으로 정리되어 있다. 철도와 도로 규격이 국제적으로 통일되어 있지 않으면 기차와 자동차는 국경을 넘으면 멈춰야 한다. 비행기도 규격과 운항 기준이 들쭉날쭉하면 외국 공항에 착륙하기 어려울 것이다. 국제통신망을 연결하는 규범이 없다면 인터넷은 생각할 수도 없다. 우리나라에서 전화하면 미국에서 응답할 수 없을 것이고, 그 반대도 마찬가지다. 외국 사람이 한국에 오고 우리나라 사람들이 외국에 가는 것도 모두 규범에 따라 움직인다. 집을 나서 미국 뉴욕의 JFK 공항을 거쳐 호텔에 도착할 때까지, 그리고 그곳을 떠나 다시 집으로 돌아올 때까지 철저하고 보이지 않는 톱니바퀴 같은 규범에 따라 모든 것이 작동한다.

개인적인 차원뿐 아니라 국가끼리의 관계에도 나름의 규범이 존재한다. A국가가 B국가에게 무엇을 요구할 수 있고 요구할 수 없는지 나름의 정해진 규칙이 있다. 이런 규범을 통틀어 '국제법'이라고 한다. 국제사회가 밀접하게 연결되어 하나로 움직이면 움직일수록 규범의 역할은 중요하다. 특히 외국과 밀접하게 연결되어 외교도 하고 사업도 해야 하는 우리나라에게 이러한 규범, 국제법은 더욱 중요하다. 이는 국제법을 무작정 숭상하고 받들자는 뜻이 아니다. 이 규범을 정확하게 이해하고 장단점을 파악하고 있어야 우리가 직면하는 여러 문제에 효과적으로 대응할 수 있다는 의미다.

그런데 국제 규범은 지금 큰 변화를 겪고 있다. 미·중 분쟁과 신냉전 시대의 도래로 국가 간 갈등은 전례 없이 커지고 있다. 러시아-우크라이나 전쟁이 이어지고 대만에서의 군사 충돌 문제도 점점 현실화되고 있다. 제2차 세계대전

직전으로 복귀한 듯한 분위기다. 또 지구 온난화로 인류 전체가 존립을 위협받게 되었다. 지난 2023년은 최근 50년 중 가장 온도가 높았던 한 해라고 한다. 대규모 재앙이 조만간 지구사회를 덮칠 것이라는 경고가 이어지고 있다.

그리고 디지털 시대의 도래로 국경 없는 거래, 공부, 사업이 가능하게 되었다. 이렇다 보니 국경과 연관되어 발전해온 그간의 여러 규범이 이제는 현실과 들어맞지 않게 되었다.

한편으로 인류가 지구를 넘어 우주로 향하는 움직임이 가시화되었다. 그러나 어떻게 우주를 개발하고 관리하며 소유할지에 관해 아직 아무런 가이드라인이 없다. 이러한 분야에서 새로운 규범이 지금 요동치고 있다. 규범이 어떻게 도입되는지에 따라 국제사회의 다음 수백 년이 결정될 것이다. 그리고 그 틀에서 우리나라의 운명도 다시 결정될 것이다.

이 책에서는 국제 규범이 어떻게 요동치고 있는지 살펴본다. 특히 앞서 말한 네 가지 분야에서 새로운 규범이 어떻게 논의되고 있는지 설명한다.

손흥민 선수와 김민재 선수가 세계적인 축구 스타가 되고 BTS와 블랙핑크가 세계적인 그룹이 되었다. 조성진과 임윤찬은 전 세계인이 열광하는 피아니스트가 되었다. 옛날

같으면 우리 젊은이들이 여러 분야에서 세계 최고 수준이 될 것이라고 쉽게 생각할 수 없었다. 앞으로는 더 많은 우리 젊은이들이 세계로 향할 것이다. 우리 젊은이들이 국제기구나 국제기업, 국제사회에 진출하기 위해서는 세계가 어떻게 조직되고 움직이는지 알아야 할 것이다. 이들을 작동하는 기본 규범을 이해해야 한다.

지금 우리 역량이면 우리나라가 더욱 성장해 머지 않아 주요 선진국으로 자리 잡을 수 있을 것이다. G9 국가로의 진입 이야기도 솔솔 나오고 있다. 우리 국민과 기업들도 국제 경쟁을 통해 더욱 성장해 각 영역에서 세계 최고의 자리에 오를 수 있다. 다만 영어를 공부해 외국 사람과 소통하기 위해 노력하는 것처럼 국제 규범을 익혀 외국과 같은 기준에 따라 움직이고 소통하며 경쟁할 준비를 해야 한다. 앞으로 국제사회에서 살아갈 우리 개개인, 특히 젊은 세대가 국제 규범의 중요성을 알고, 이를 적절히 활용하는 데 이 책이 조그만 도움이 되었으면 한다.

2024년 3월

이재민

1부_____

세계를 뒤바꿀

신냉전의

서막

냉전이란 무기를 동원해 충돌하는 열전과는 달리, 전쟁 이외 다른 방식으로 대립, 대결하는 갈등 현상을 말한다. 이는 경제, 교역, 기술, 외교 등 여러 분야에서 다양한 방식으로 전개되는 갈등과 대립 상황을 일컫는다. 최근 신냉전 시대가 도래하고 있다. 과거의 이념 대결이 아닌 '논리'의 대결이 펼쳐지는 신냉전 시대에 우리는 무엇을 준비해야 할까? 이 질문에 대한 답을 찾는 과정에서 필요한 것이 바로 '규범'에 대한 이해다.

분열하는 세계,
신냉전 2.0

다시 시작된 차가운 공방전

신냉전 시대가 도래했다. 지금 미국, EU, 일본 등을 한 축으로 하는 진영과 러시아, 중국, 북한 등을 한 축으로 하는 진영이 서로 맞서고 있다. 어느 특정한 분야가 아니라 모든 영역에서 두 축이 첨예하게 대립하고 있다.

2022년 2월 러시아의 침공으로 시작된 러시아-우크라이나 전쟁은 이를 단적으로 보여준다. 전쟁은 우크라이나에서 벌어지지만 두 그룹에 속한 여러 국가가 이 전쟁에 이래저래 관여하고 있다.

러시아-우크라이나 전쟁은 하나의 사례일 뿐이고 우주, 해양, 환경, 인권, 노동, 디지털, 기술, 안보 등 여러 영역에서 이러한 '끼리끼리' 그룹별 대립은 점점 격화되고 있다.

　제2차 세계대전 이후 자본주의를 표방하는 서방 진영과 공산주의를 채택한 동구권 진영의 대립이 냉전cold war, 冷戰 시대를 열었다. 냉전 시대의 시작을 공식적으로 언급한 건 1946년 당시 영국 수상이었던 윈스턴 처칠의 '철의 장막iron curtain' 연설이었다.

　이 냉전 체제는 40여 년 만인 1991년 구소련과 동구권의 붕괴로 사라졌다. 냉전 종식은 인류가 더 이상 전쟁의 위험 없이 평화와 번영의 길로 들어설 수 있을 것이라는 기대감을 갖게 했다. 큰 갈등 없이 안정적인 체제를 구가했던 1990년대를 지나며 이러한 기대가 현실화되는 듯했다.

　그러나 2000년대에 들어서서 주요국 간 갈등이 다시 커지며 새로운 진영 대결이 시작되더니, 이제 급기야 '냉전 2.0' 시대가 시작되었다. 바로 신냉전 시대의 개막이다.

　냉전 1.0에 비해 냉전 2.0은 더 복잡해지고 더 정교해졌다. 그만큼 신냉전은 여러 국가에 많은 고민거리를 안기고 있다. 우리가 지금 미·중 갈등 사이에서 어려운 고민을 계속하는 것도 냉전 1.0보다 훨씬 복잡한 함수를 제시하는 냉전 2.0 시대에 들어섰기 때문이다.

신냉전의 핵심 쟁점, 국제법

그렇다면 먼저 '냉전'이란 무엇인가? 냉전이란 무기를 동원해 충돌하는 열전hot war, 熱戰과는 달리, 전쟁 이외 다른 방식으로 대립, 대결하는 현상을 말한다. 다시 말해 경제, 교역, 기술, 외교, 문화 등 여러 분야에서 다양한 방식으로 국가들이 부딪히는 현상이다.

지금 러시아와 우크라이나는 열전을 벌이고 있으나 양국 뒤에서 이들을 지원하는 여러 국가는 냉전을 벌이고 있다. 서로 외교적 압박을 가하고, 무역을 제한하고, 투자를 억누르며 상대국 기업과 개인을 다양한 방식으로 규제한다. 또 반대로 자기 진영에 속한 기업과 개인은 다양한 방식으로 지원한다.

비단 러시아-우크라이나 전쟁뿐 아니라 다른 여러 영역에서도 대립 구도가 명확해지고 있다. 즉 우크라이나 전쟁은 하나의 발현 사례일 뿐이고 다른 국제사회의 제반 현안에서 국가들 간 냉전적 대립은 연일 격화되고 있다. 이들은 우주, 북극해, 남극, 환경, 인권, 노동, 개인정보, 인공지능Artificial Intelligence, AI 등 여러 분야에서 서로 경쟁하고 압박하며 지원하고 있다.

그런데 이러한 냉전을 이끌어가는 여러 원동력 중 하나가 바로 법적 논리다. 이들 여러 이슈는 결국 마지막 단계로 가서는 법적인 문제로 정리되거나, 법적인 틀에서 논의되거나, 법적인 언어로 상대방에게 던져지기 때문이다. 이에 따라 법적 논리를 어떻게 연습하고, 다듬으며 이를 상대방에게 던지는지가 모든 국가와 기업, 그리고 개인들에게도 중요한 작업이 되었다.

과거 냉전 1.0에서는 이 작업이 간단했다. 자유주의와 공산주의의 이념적 대립이었으니 논리적 설명이 크게 필요하지 않았다. 경계선도, 룰도 나름 명확했다.

그런데 지금 진행되는 신냉전 시대에는 이념을 넘어선 국제사회 여러 현안이 모두 섞여 있어 내 입장이나 주장이 옳다는 것을 전하려면 관련 규범에 관한 정교한 공부와 논리 발전이 급선무가 되었다.

자연스레 규범, 즉 법에 대한 수요가 크게 늘게 되었다. 이러한 수요는 국내법은 물론 국제법에서도 마찬가지로 나타난다. 국가들끼리 부딪히고 세계 시장에서 기업과 개인이 경쟁하는 상황을 전제하면 특히 국제법 분야에서 이러한 현상이 더욱 두드러지게 나타난다. 특히 최근에는 국제법의 학문적인 발전이 아니라 국가 정책 수단으로서의 가치에 초점을 둔 활용이 점점 눈에 띄고 있다.

이는 겉으로는 국제법의 발전으로 보이지만, 오히려 내적으로는 국제법의 위기를 불러오는 현상이기도 하다. 발전은 발전이지만 '씁쓸한' 발전이다.

지금 전개되는 신냉전 시대의 시작은 얼추 2008년 코소보 사태로 거슬러 올라간다. 1991년 소련과 동구권 붕괴로 냉전이 종식되며 전 세계는 국가 간 대립과 긴장 상태가 완전히 해소되기를 기대했다. 국제사회가 이제 정말 평화의 시대로 접어들었다는 기대도 적지 않았다.

그러나 코소보가 세르비아로부터 독립을 선언한 이후 발생한 내전으로 초래된 코소보 사태에서 새로운 그룹별 대결의 싹이 보이기 시작했다. 당시 미국과 유럽연합European Union, EU은 코소보의 독립을 승인하고 지지한 반면, 중국과 러시아는 세르비아를 지지하며 코소보 독립에 반대하는 입장을 취했다. 16년이 지난 지금 이 상황을 돌이켜보면 신냉전의 서막을 알린 것으로 평가할 수 있다. 그러나 당시 이 사건은 크게 주목을 받지 않고 넘어갔다.

이것은 현재 국제사회의 대결 구도와 비슷하다. 이러한

그룹별 국가 간 대립의 불씨에 기름을 부은 건 중국의 급성장이다. 냉전 이후 국제사회에서 절대적 우위를 점하고 있던 미국은 중국의 성장으로 그 자리를 위협받게 되었다.

중국은 AI, 양자quantum 기술, 반도체와 우주개발 등 다양한 분야에서 굴기崛起를 내세워 바야흐로 세계 최강국으로의 도약을 꿈꾸고 있다. 몸을 떨쳐 우뚝 솟아오른다는 '굴기'라는 표현은 중국의 강대국화에 대한 열망을 단적으로 보여준다. 정부 주도의 굴기로 중국은 다방면에서 급격한 성장을 이루고 있다.

미·중 대립에 대해 중국은 "미국에 도전할 생각이 없으며 미국과 균형 있는 발전을 원한다"라고 말한다.[1] 미국과 함께 G2 국가로 국제사회의 책임 있는 역할을 수행하고자 희망하는 의도를 밝힌다. 미국을 배제하는 것이 아니라, 미국과 평등한 강대국이 되는 것을 열망한다는 것이다. 시진핑 주석은 취임 이래 지속적으로 미국에 대해 공동이익을 추구하자고 강조한다.

서로 싸우지 말고 공동의 이익을 추구하자는 시진핑 주석의 이른바 '신형대국관계' 메시지는 오바마 전 대통령과의 첫 번째 정상회담에서 시작되었다. 2013년 6월 캘리포니아주에서 열린 정상회담에서 시진핑 주석은 "태평양은 두 대국을 수용할 만큼 넓다"라고 발언했다.[2] G2 국가로 공존하며 세계를 함께 운영해 나가자는 의도로 이해되었다.

이에 대해 미국은 중국의 진정한 의도는 미국을 밀어내고 새로운 질서를 구축하고자 하는 것으로, 이를 용납할 수 없다며 맞서고 있다. 설사 중국이 미국을 넘어서지 않고 미국과 강대국의 지위를 나누어 양국이 G2 국가로 병립하는 상황을 목표로 추구한다 해도 미국으로서는 이를 수용하기 어렵다는 것이다. 중국과의 무력 충돌은 최대한 피하겠지만 여러 핵심 영역에서 미국의 주도권을 내놓을 수는 없다는 뜻이다.

요컨대 미국은 핵심 영역에서는 여전히 유일한 최강국으로서의 지위를 유지하고 이를 토대로 새로운 규범을 만들어 나가겠다는 계획이다.

미국은 중국이 추구하는 국제사회의 가치가 자신의 가치와 부합하지 않는다는 점을 계속 내세운다. 단적인 예로, 우주개발 분야를 들 수 있다. 미국은 2011년 울프 개정안을 통해 미국 항공 우주국National Aeronautics and Space Administration, NASA이 중국 정부 및 중국 민간 기업과 협력하거나 이들에 대해 투자하는 것을 금지한 바 있다.[3] 이미 중국과의 경쟁이 격화되기 이전에 핵심 영역에서 대중 견제 장치를 서서히 발동해온 것이다. 2020년 아르테미스 약정Artemis Accords도 중국을 배제하고 미국에 우호적인 국가들과 우주개발을 이끌어 가기 위해 손을 잡기 시작한 움직임이다.[4]

러중 관계를 둘러싼 국제사회의 갈등

미국, EU와 러시아의 관계 또한 악화일로를 걷고 있다. 우크라이나 전쟁이 큰 계기를 제공했지만 이미 양측의 대립은 그 이전부터 미국과 EU 회원국은 이미 오랜 기간에 걸쳐 러시아가 하는 여러 일에 제동을 걸어왔다.

대표적인 예는 북극의 지속 가능한 발전을 표방하는 북극 이사회Arctic Council 내에서 러시아를 배제하려는 움직임이다. 그간 상대적으로 정치적 색채가 얇고, 북극 연안국들 간 공동의 이해관계를 반영하기 위해 나름의 협력 체제를 잘 구축해온 북극 이사회에서도 러시아에 대한 보이콧 움직임이 여러 루트로 나타나기 시작했다.

이사회 임시 의장직을 러시아가 맡고 있음에도, 나머지 국가들은 러시아를 제외하고 회의를 진행하기도 했다. 러시아를 제외한 북극 이사회 7개 회원국은 2021년 6월 아이슬란드 레이캬비크 장관회의에서 앞으로 자신들은 러시아가 불참하는 프로젝트에만 제한적으로 활동할 것이라고 밝힌 바 있다.[5]

이러한 서방국의 지속적인 견제로 러시아는 강대국화를 꿈꾸는 중국과 더욱 가까워질 수밖에 없게 되었다. 러시아는 신냉전 체제와는 좀 거리가 떨어져 있기는 하지만 주요 개도국 간 모임인 BRICS Brazil, Russia, India, China, South Africa에 더 비중을 두게 되었다.

최근 블라디보스토크항을 중국에 개방한 러시아의 정책은 이런 상황을 단적으로 보여준다. 블라디보스토크항은 러시아 극동 지역의 중요한 물류 거점지 중 하나로 러시아에서 몇 안 되는 부동항이다. 역사적으로 살펴보면 원래 블라디보스토크는 중국 청나라의 땅이었다. 그런데 1858년 아이훈 조약에 따라 러시아 영토로 편입되었다. 이런 블라디보스토크를 165년 만에 중국이 자유롭게 사용할 수 있도록 러시아가 내준 것이다.

블라디보스토크항 개방은 중국 입장에서는 너무나 고마울 것이다. 중국 동북 지방에는 항구가 없어 개방 이전에 육로로 다롄항까지 1000킬로미터가 넘는 거리로 물자를 이동시킨 뒤 다시 남방 지역으로 운송해야만 했다. 그러나 블라디보스토크항 개방으로 육로 운송로를 200킬로미터로 줄일 수 있어 물류비를 대폭 절감할 수 있게 되었다.

러시아-우크라이나 전쟁 이후, 서방 국가들은 러시아에 대한 제재를 시작했으나, 중국은 러시아와의 협력을 오히려 강화해왔다. 이런 맥락에서 볼 때 러시아가 항로를 개방한 이유는 양국의 밀착 관계를 더욱 공고히 하기 위함이다.

중국은 이전부터 동아시아를 넘어 유럽권으로 진출하고 싶어 했다. 이 기회를 틈타 중국은 유럽권으로도 진출하고, 서방국의 블록화에 대항하기 위해 마음이 맞는 동지like-minded ally를 찾아 동맹을 형성하려 한다.

2022년 무제한 협력관계no-limits partnership를 천명한 중국과 러시아 양국은 우크라이나 전쟁을 통해 더욱 끈끈해졌다.[6] 동맹 그 이상인 무제한 협력관계란, 중국과 러시아가 제한된 영역 없이no forbidden areas 모든 영역에서 협력하는 것을 의미한다. 이는 현재 서구 중심의 국제 질서에 도전하는 양국의 포부를 나타내기도 한다.

그러나 중국 역시 국제사회의 눈치를 볼 수밖에 없는 처지다. 중국은 무기를 지원하는 것과 같이 직접적으로 러시아를 돕고 있지는 않지만, 러시아의 전쟁을 소극적으로나마 지지하고 있다. 러시아를 탐탁지 않아 하는 서방의 제재 수단에 대해서는 동참하지 않고, 서방국으로부터 구매한 물품들을 다시 러시아에 보급하는 모습 등을 보이는 것이다. 중국 내 생성형 인공지능인 '어니Earnie'는 러시아–우크라이나 전쟁에 대해 러시아의 입장을 적극적으로 서술하고 전파하고 있기도 하다.

이 같은 미국·EU 대 중국·러시아 신냉전 체제는 앞으로 더욱 더 강화될 것으로 예상된다. 시진핑 주석은 서양 국가의 따돌림bullying을 피해 러시아와 끈끈한 안보 체계를 형성해야 한다고 언급하기도 했다.[7]

이념 시대의 종말, 논리 대결의 시작

신냉전 시대는 구냉전 시대와 닮은 듯 다른 양상을 보인다. 미국과 중국은 냉전 시기 미국과 구소련이 그러했듯 동일한 가치를 지닌 여러 국가를 우호국으로 포섭하려고 노력한다. 특히 미국은 인권, 민주주의와 같은 인류의 보편적 가치를 중요하게 여기는 국가와 협력 체제를 구축하고자 노력하는 모습을 보인다.

그러나 신냉전 시대는 이데올로기만을 중심으로 연합했던 구냉전 시대와는 다르다. 신냉전 시대 국가들은 이념보다는 자국의 이익을 토대로 연합하고 있다. 이런 상황에서 대부분의 나라는 딜레마에 부딪힌다. 국제적으로 영향력이 강한 두 국가 중 하나의 국가와만 교역하고 협력하는 것은 현실적으로 불가능하기 때문이다.

특히 구냉전 시대와 달리 신냉전은 우크라이나 전쟁과 같은 무력 열전도 수반하는 모습을 보이기에 국가들은 더욱 조심스러운 모습을 보일 수밖에 없다. 이것이 냉전 1.0과 냉전 2.0 사이의 결정적인 차이다.

미국, EU와 중국, 러시아를 중심으로 하는 새로운 냉전은 국제사회에 많은 변화를 일으킬 것이다. 미국은 자신과 결이 비슷한 국가들과 손을 잡아 영향력을 확대하고 있고, 이에 맞서 중국과 러시아는 심지어 북한도 끌어들여 국제사회에서 우위를 점하려고 한다.

이처럼 살얼음판 같은 상황에서 여러 국가들은 미국과 중국 그리고 러시아의 눈치를 보고 있다. 가치와 이익이 결합한 신냉전 시기에 국가들은 사안별로 협력을 통해 얻을 수 있는 이익을 상대적으로 계산하고 그다음 규범을 적절히 활용하여 협력하고 있다. 어느 한쪽 진영을 완전히 제외하는 것이 아니라 필요한 분야에 있어 전략적으로 협력하는 모습을 보인다.

그렇다면 신냉전 시대에 우리는 어떻게 대처해야 할까? 이념이 아닌 논리의 대결이 펼쳐지는 신냉전 시대에 우리는 무엇을 준비해야 할까?

이러한 질문에 대한 답을 찾는 과정에서 필요한 것이 바로 '규범'에 대한 이해다. 지금 우리는 국제사회에 통용되는 규범에 대한 이해와 논의를 통해 좀 더 체계적이고 논리적으로 우리나라에 이익을 가져올 수 있는 길과 방향을 모색하고 준비해야 한다.

이때 중요한 역할을 하는 것이 바로 국제법이다. 국제법에 대한 지나친 환상과 기대도 금물이지만, 그 효용성과 파급력을 무시해서도 안 된다. 국제법을 간과하고서는 결코 이 위기 상황을 이겨낼 수 없으며 치열한 경쟁에서 살아남을 수 없다.

무기보다 강력한
규범의 대결, 법률전쟁

현재를 지배하는 1648년 체제

법학전문대학원 교수가 법 이야기를 하면 마냥 지루하고 딱딱할 것이라는 선입견이 늘 따라다닌다. 그러나 지금부터는 고리타분한 이야기가 아니라 현재 일어나고 있는 국제 질서의 변화에 관한 생생하고 흥미로운 통찰이다. 다시 말하면 세상이라는 거울에 대한민국을 비춰보는 일이다.

현재 우리가 사는 세상을 넓은 시각으로 내려다보면서, 자못 낯선 장면들을 들추고 익숙한 풍경을 재조명해 보고자 한다. 그리하여 대한민국이라는 나라의 현재 위상과 함께 앞으로 나아갈 길의 지도를 그려볼 수 있기를 바란다.

그럼 먼저 타임머신을 타고 400년 전으로 돌아가보자.

왜 하필 400년 전인가 하면, 400년 전에 만들어진 체제가 지금까지 남아 있기 때문이다. 여기서 이미 문제점을 느낄 것이다. 무려 400년 전에 만들어진 체제가 현재 시점에도 적용되고 있다니, 문제가 없으면 오히려 이상한 일 아닌가.

지금부터 400년 전인 1648년으로 가보자. 이때 어떤 일이 벌어졌을까? 이때는 사실 우리 민족이 가장 힘든 시기였다. 고려와 조선 왕조까지 통틀어 생각해보면 우리 민족에게 절체절명의 위기는 1592년의 임진왜란과 1627년의 정묘호란 그리고 1636년의 병자호란 시기였다. 이때가 영화 〈남한산성〉의 배경이 되는 때다. 영화의 주인공인 인조 임금이 통치하던 시절이 바로 1648년이다.

당시 유럽에서도 큰 지각 변동이 있었다. 1618년부터 1648년까지 유럽에서는 독일을 무대로 신교(프로테스탄트)와 구교(가톨릭) 간에 '30년전쟁'이라는 치열한 종교전쟁이 벌어졌다. 이 전쟁을 끝내기 위해 1648년 독일 중부 베스트팔렌 지역에서 평화조약을 맺게 된다. 베스트팔렌 조약Peace of Westfalen이 바로 그것이다. 여기서 체결된 사항은, 예컨대 프랑스 왕과 영국 왕의 관계 및 스페인 왕과 네덜란드 왕의 관계, 오스트리아 왕과 프랑스 왕의 관계를 규정하는 내용 등이었다.

국제사회에서 국가가 기본 요소가 되어 국가 간의 규칙을 처음으로 만든 것이 바로 베스트팔렌 체제인데, 이 체제가 이후 국제 질서의 토대로 작동하게 된다. 교황 중심의 국제 체제가 사라지고 국가 중심의 국제 체제가 자리 잡은 것이다. 이처럼 1648년에 만들어진 체제가 2024년 오늘까지 그대로 적용되고 있다.

베스트팔렌 조약 위에 꽃핀 국제 질서

그럼 1648년 이후 400년을 한번 압축해보자. 1700년대에는 민족 국가들끼리 온갖 다툼이 있었다. 그러다 1800년대 들어와서는 새로운 움직임이 펼쳐진다. 국가들끼리 치열하게 경쟁도 했지만 한편으로는 새로운 국제기구를 설립한다.

전기통신업무의 국제적 관리 기구인 국제전기통신연합 International Telecommunication Union, ITU이 1865년에 만들어진 것인데, 유럽 사회를 체계적으로 정리하려는 움직임이 이때 처음으로 나타난 것이다. 국제사회의 조직화를 위한 작은 움직임이 나타나기 시작했다. 그러니까 이때쯤이면 국제법도 꽤 많은 발전을 하게 된다.

그러다가 1900년대에 들어와서 두 차례의 세계대전을 겪고 난 후, 전쟁 방지와 평화 유지를 위해 국제연합United Nations, UN이 출범한다. 지금까지도 유일한 범세계적 국제기구가 이때 탄생한 것으로, 국제사회의 조직화 측면에서 비약적 발전이 이루어진 것이다.

이후 2000년대 들어와서 현재까지 국제 질서는 계속해서 변화하는 흐름 속에서 발전하기도 했지만, 오늘날 극심한 혼란을 겪고 있다. 세계적으로 민족주의가 횡행하고, 국가들이 보호무역주의를 꾀하며, 다자주의 체제가 약화되고 있다. 코로나19 팬데믹처럼 신냉전 체제 또한 곳곳에서 뿌리를 내리는 등 전반적으로 혼란스러운 시대가 다시 도래했다. 1648년 독일에서 체결된 베스트팔렌 조약으로 근대 국제 체제의 틀이 갖추어진 이후, 지난 400년간의 흐름이 대체로 이러하다.

그런데 왜 하필이면 1648년에 큰 변화가 생겼을까? 1648년 이전에도 물론 국가들이 있었지만, 1648년을 분기점으로 해서 국가 체제는 크게 바뀌게 된다. 그 이유가 무엇일까?

교황을 중심으로 하는 중세 유럽 체제가 무너졌기 때문

이다. 종교적인 의미에서는 교황이 여전히 가장 높은 지위에 있지만, 국가 운영 측면에서는 교황이 더 이상 최고 지위를 지키지 못하게 되었다. 교황이 최고 지위에서 내려오다 보니 프랑스 왕, 독일 왕, 오스트리아 왕 등이 각각 최고의 의사결정자로 등극하게 되었다. 그리고 이러한 주권 국가의 병립이 지금까지 유럽은 물론 국제사회 전체의 기본 체제를 구성하게 되었다.

이런 맥락에서 1648년 베스트팔렌 조약은 오늘날 국제사회의 틀을 구축한 중요한 전환점이다. 전 세계 국가들이 모두 하나의 주권 국가로서 의사결정을 하고, 때로는 분쟁을 겪는 것이 바로 이 체제하에서의 일이다. 현재 전 세계에는 197개 국가가 있고, 이중 UN 회원국이 193개국인데, 이들이 바로 지난 400년간의 역사가 이루어낸 결과물이라 하겠다.

위태로운 편 가르기, 흔들리는 국제 질서

지금 이 순간에도 국제관계는 아슬아슬한 국면을 맞이하고 있다. 특히 미·중 분쟁이 그러하다. 우선 대만 문제를 두고 전쟁이 일어나지 않을까 하는 걱정이 있다. 또한 중국과 일본의 갈등도 심상치 않다. 얼마 전에 중국, 러시아 군함들이 일본 센카쿠/댜오위다오 열도의 접속 수역에 진입했다고 하는데, 이는 그간 전례가 없는 일이다.[8] 게다가 미국과 러시아는 우크라이나 전역에서 대결 양상을 이어나가고 있다.

현재 EU와 러시아의 사이는 매우 좋지 않다. 러시아가하는 모든 일에 EU가 반대하고, EU가 하는 모든 일에 러시아가 반대하고 있다. 일본과 러시아의 갈등도 심상치 않다. 한편, 중국과 러시아는 힘을 합치고 있다. 브릭스BRICS 그룹에 속하는 브라질·러시아·인도·중국·남아프리카공화국이 한데 힘을 모으고, 북한과 러시아 그리고 중국은 이 와중에 점점 더 밀착하고 있다.

이렇게 한쪽에서는 그룹별로 밀착하고 한쪽에서는 국가별로 대결하는 상황이 지금 전 세계적으로 펼쳐지고 있다. 앞서 말했듯 이 현상을 신냉전 시대의 도래로 볼 수 있다. 이전의 냉전 시대에는 이념 대결이 극단으로 치달았다면, 지금은 이념 문제가 아니라 국익 중심의 단결과 이별이다. 국가들은 자국 이익을 기치로 여러 영역에서 이해관계를 서로 견주어보고 있다.

현재 러시아와 우크라이나 간의 전쟁을 보면 그 양상이 뚜렷하게 그려진다. 전쟁 당사국은 우크라이나와 러시아 두 나라지만, 그 뒤에는 우크라이나를 지원하는 국가와 러시아 입장에 동조하는 국가들이 서로 얽혀 있다.

지금 모든 나라가 이해관계에 따라 이합집산하고 있다. 아프리카 국가들도 자기들끼리 그룹을 이루고, 태평양 도서 국가들도 그러하며, 중앙아시아 국가들도 마찬가지다. 이처럼 전 세계 국가들이 자국 중심주의의 큰 흐름에 매몰되어 있는데, 이에 따라 제2차 세계대전 이후 UN을 중심으로 운영되던 다자주의 체제가 기본에서부터 흔들리는 모습이다. 국제 질서가 근본에서부터 위기를 맞고 있는 것이 오늘날의 국제 정세가 아닌가 싶다.

신냉전으로 몸살을 앓는 국가들

우리나라 또한 새로운 국제 질서에 영향받지 않을 수 없다. 조 바이든 미국 대통령이 2022년 5월 20일 한국을 방문할 때 선언한 것이 '인도태평양 경제 프레임워크Indo-Pacific Economic Framework, IPEF'다.[9] 이것은 인도태평양 지역에서 중국의 경제적 영향력 확대를 억제하기 위해 미국이 주도하는 다자 경제협력체다. 이를 위한 본격적인 논의는 2022년 5월 23일 일본에서 공식 출범했다. 여기에는 당연히 우리나라도 참여하고 있다.

그런데 인도태평양 경제 프레임워크가 출범한 다음 날인 5월 24일에 중국과 러시아 전투기가 우리나라 방공 식별 구역KADIZ에 진입하는 일이 벌어졌다.[10] 방공 식별 구역은 영공과는 다르다. 다만 여러 가지 이유로 우리나라가 관리하는 항공 영역이다. 이 지역에 외국 전투기가 들어오면 우리 전투기가 곧바로 출격해서 대응 조치를 취하게 된다.

그날의 전투기 진입이 우연이었을까? 아마 그렇지 않을 것이다. 지금 세계에는 중국과 러시아와 북한 간의 경제적, 군사적 밀착이 있고, 그 반대쪽에 미국과 일본, EU, 호주, 뉴질랜드, 캐나다 그룹의 연대가 있다. 두 세력 간의 대결이 전 세계적으로 다양한 형태로 나타나고 있으며, 한반도 주변도 예외가 아니다. 북한산 미사일과 포탄이 러시아-우크라이나 전장에서 나타난 것도 이 흐름의 반영이다.

그렇다면 이제 한국은 어떻게 해야 하는가? 이것이 요즘 매일같이 언론에서 오르내리는 우리의 화두다. 신냉전 시대의 도래는 실로 반갑지 않은 현상이다. 국제 질서를 이끄는 리더십을 발휘해야 할 강대국들이 오히려 그룹별 보스 역할을 하면서 무력 충돌의 조짐까지 보이는 것은 참으로 우려스러운 상황이 아닐 수 없다.

예기치 못한 신냉전 시대로 인해 유럽 사람들도 충격에 빠졌고, 미국 사람들도 마찬가지다. 21세기에 유럽에서 전쟁이 벌어진다는 것은 생각하지 못했던 일이다. 물론 UN 체제하에서도 유럽에서 무력 충돌이 없었던 것은 아니지만, 러시아-우크라이나 전쟁처럼 한 나라가 다른 나라를 침공함으로써 전면전으로 치달은 경우는 제2차 세계대전 이후 처음 있는 일이다.

1990년대 초반, 구 유고연방공화국이 해체되고 일곱 개 국가로 쪼개지는 과정에서 여러 전쟁이 있었고 많은 민간인이 살상당하는 안타까운 일이 벌어졌지만, 규모 면에서는 지금과 비교할 정도가 아니다. 그때는 사실상 내전에 가까웠으나 지금은 두 나라 간의 정면 충돌이다. 그것도 유럽 대륙 한복판에서 첨단 군사장비가 총동원되고 있다.

2020년에 아제르바이잔과 아르메니아 간에도 몇 달간의 전쟁을 치렀고, 지금까지도 그때의 상처가 아물지 않았지만, 지금 우크라이나-러시아 전쟁처럼 전 세계에 정치적,

냉전시대
(1947~)

냉전종식,
새로운 체제
(1991~)

신냉전 도래
(2015~)

국제사회의 변화

군사적, 경제적 파급 효과를 초래하진 않았다. 현재 유럽에
서의 전쟁은 너무도 뜻밖의 사태인 것이다.

새로운 대결, 법률전쟁

국제사회의 변화를 보면, 1946년부터 시작된 냉전 시대가
막을 내린 것은 동구권이 몰락하고 재편된 1991년부터다.
그 이후로 미국 중심의 국제 체제인 단극화 체제가 유지되
다가 2015년부터 서서히 신냉전 시대가 도래했다.

돌이켜보면 2015년경부터 미국과 중국의 관계는 급격
히 대결 국면으로 들어섰다. 신냉전 시대의 씨앗이 이미 오
래전에 발아했다는 말이다. 신냉전의 징후가 나타난 것이
2015년부터이고, 이때부터 지금까지 계속 악화되고 있다.

러시아-우크라이나 전쟁은 지금도 계속해서 격화되는 상황이라 언제 끝날지 아무도 모른다. 최근 휴전 이야기가 나오고 있지만 예측 불가다. 대만해협도 위태위태하고 우리 주변도 마찬가지다. 지금은 세계적인 무력 충돌이 언제든 발발할 수 있는 긴장되는 시점이다.

그래도 여전히 국가들 입장에서는 무력 충돌은 선택 가능한 옵션일 뿐이며, 최후의 수단으로만 기능할 것이다. 그전에 국가 이익을 확보하기 위한 다양한 수단이 동원될 터인데, 그 핵심에 있는 것이 바로 '규범을 통한 대결'이다.

영어로는 'Lawfare'라고 하는데, '전투'를 뜻하는 'warfare'에서 'war(전쟁)' 대신 'law(법)'를 넣은 말이다. 무기를 통한 대결이 아닌 규범을 통한 대결, 또는 무기를 통한 대결과 동시에 이루어지는 규범을 통한 대결이 'Lawfare', 즉 법률전쟁, 법률경쟁인 셈이다.

국제사회의 변화로 신냉전 시대가 도래한 이후, 2015년부터 국가들 간에는 다양한 맥락에서 법률전쟁이 이루어지고 있다고 볼 수 있다. 무역이면 무역, 환경이면 환경, 우주면 우주, 북극이면 북극, 지중해면 지중해 등 전 세계 모든 영역에서 미국과 중국, 미국과 러시아, EU와 러시아, 중국과 일본이 규범과 논리로 무장해 부딪히고 있는 게 바로 법률전쟁의 양상이다.

러시아-우크라이나 전쟁, 죄인을 가려라

초반에는 쉽게 끝날 것 같았던 러시아-우크라이나 전쟁은 우크라이나의 반격으로, 그리고 뒤이은 러시아의 대규모 공격과 다시 이어지는 우크라이나의 공세로 계속 이어지고 있다. 이렇듯 누구도 생각지 못했던 유럽에서의 전쟁은 현재 국제사회의 위기를 극명하게 보여주는 전환기적 사건이 아닐 수 없다.

그럼 이 전쟁을 법률전쟁 시각에서 한번 살펴보자. 2022년 2월 24일, 새봄이 막 시작되기 직전에 전쟁이 났는데, 그 이틀 뒤에 우크라이나는 무엇을 할 수 있을까?

그럴 일은 없겠지만, 우리나라에서 전쟁이 났다고 가정해보자. 전쟁 이틀 뒤에 서울에서 우리는 무엇을 하고 있을까? 미사일이 떨어지고 폭격이 이루어지면서 서울 전역과 국토 전체가 큰 혼란에 빠져 있을 것이다. 대혼란과 위기 상황에서 어떠한 대응을 모색하고 있을까?

우크라이나는 러시아 침공 이틀 뒤에 네덜란드 헤이그에

있는 국제사법재판소International Court of Justice, ICJ로 향했다.[11] ICJ
는 국가 간 분쟁을 법적으로 해결하도록 하는 국제사법기
관이다. 우크라이나가 전쟁 발발 직후 이곳에 갔다는 것은
법률전쟁 상황을 보여주는 일이다.

사실 러시아와 우크라이나는 이미 크림반도 무력 충돌
때부터 법률전쟁으로 대치하고 있었다. 2014년 3월 러시
아의 크림반도 병합으로 러시아와 우크라이나 사이에 무
력 충돌이 발생했다. 특히 우크라이나 동부 돈바스 지역에
서 두 나라는 치열하게 부딪혔다. 또 동시에 법적으로도 충
돌했다.

2014년 이후 우크라이나와 러시아는 ICJ에서 두 번에
걸쳐 큰 다툼을 하고 있다.[12] 세계무역기구World Trade Organization,
WTO에서 무역 분쟁을 벌이기도 했는데, 두 나라는 무역 때
문에 싸운 것이 아니다.[13]

10여 년에 걸친 러시아-우크라이나 두 나라의 대립과
갈등은 무력 충돌과 법적 분쟁이 동시에 발현되는 양상을
보여준다. 그러니까 두 나라가 지난 8년간 대략 스무 번에
걸쳐서 국제재판소에서 이런저런 다툼을 벌였는데, 이게
바로 법률전쟁이다. 이처럼 과거부터 이어진 법률전쟁의

연장선상에서 우크라이나가 전쟁이 나자마자 이틀 뒤 곧바로 ICJ로 달려간 것이다.

우크라이나의 제소로 ICJ에서 2022년 3월 7일 첫 번째 심리가 열렸다.[14] 우크라이나는 법적 논리를 동원해 법적 분쟁을 시작했고, 러시아는 자신의 법적 논리를 내세워 여기에 맞서고 있다. 이 심리는 지금도 진행되고 있다.

그럼 우크라이나는 무슨 이유로 러시아를 ICJ에 제소했을까? 그 이유는 흔히 짐작하듯 자국에 대한 무력 침공이 아니다. 무력 침공을 이유로 러시아를 제소하려면 두 나라가 합의해야 하는데, 당연히 러시아는 합의하지 않을 것이다.

우크라이나가 러시아를 제소한 이유는 러시아가 집단 살해 방지와 처벌에 관한 협약인 '제노사이드 협약Genocide Convention'을 위반했다는 것이다. 두 나라 모두 이 협약의 당사국이다. 그리고 이 협약은 협약의 해석과 적용에 관해 분쟁이 생기면 ICJ로 가도록 규정한다.

우크라이나는 러시아의 우크라이나 침공 전후의 상황을 제노사이드 협약 적용과 관련지어 러시아의 위반을 주장하고 있다. 반면 러시아는 이 주장에 반대한다. 러시아는 양국 간 무력 충돌이 이 분쟁의 핵심이라고 말한다. 그런데 무력 충돌 분쟁에 대해서는 두 나라의 합의가 없으니 ICJ 가 관할권 자체가 없다는 것이 러시아의 주장이다. 반면에 우크라이나는 제노사이드 협약을 활용해 러시아에 맞서고 있는데, 이것이야말로 법률전쟁의 양상을 보여주는 대표적 사례라고 하겠다.

새로운 질서가
필요한 시대

코소보 사태, 신냉전의 불씨를 지피다

시간을 조금 거슬러 올라가보자. 2008년 2월에 코소보가 세르비아에서 독립했다. 앞서 유고슬라비아 연방공화국이 7개 국가로 쪼개졌다고 했는데 세르비아도 그중 하나로, 지금 러시아와 가까운 유일한 나라다. 이 세르비아에서 다시 쪼개져 나온 나라가 코소보다.

코소보가 독립을 하려고 하니 당연히 세르비아가 반대하면서 내전이 일어났는데, 당시 러시아는 세르비아 편을 들었고, 서방 국가들은 코소보 편을 들었다. EU와 미국 그리고 중국과 러시아가 코소보 내전 때부터 이미 편을 나누어 다툼을 벌였다. 지금도 코소보 시내에는 독립 직후 세운

신생국 탄생을 축하하는 조형물이 우뚝 서 있다.

당시 코소보 문제는 양 진영 간의 갈등을 보여준 결정적인 사건이었다. 그리고 그 여파는 지금까지 이어지고 있다. 코소보를 정식 국가로 승인한 국가는 우리나라를 포함해 서방 국가들 100여 개국이고, 아직도 러시아 중심의 동구권 국가들은 코소보를 국가로 승인하지 않고 있다. 코소보 사태가 신냉전 시대의 단초가 된 것이다.

'열전' 아닌 '냉전'이 필요한 시대

법률전쟁은 지금 다양한 영역에서 이루어지고 있다. IT 기업과 디지털 경제, AI, 개인정보와 프라이버시, 국내법의 역외 적용, 새로운 형태의 인간 활동과 이에 따른 분쟁, 첨단 기술 관련 하드웨어·소프트웨어 경쟁, 탄소세·수산보조금 등의 환경 규범, 해양 및 우주 활동 등이 해당 영역이다. 이처럼 지금 전방위적으로 온갖 영역에서 법률전쟁이 활발히 이루어지는 상황이다.

그리고 신냉전이 이어지면서, 범세계적 협의체와 국제기구에서 만드는 규범을 통해 국가 간 협력하는 기본틀에서 작동하는 다자주의 체제가 큰 위기에 빠졌다. 그러다 보니 믿을 데가 없어진 국가들이 독립적으로 힘을 키우고, 마음 맞는 국가들끼리 그룹을 이루어 반대 진영과 대결에 나서게 되었다. 이렇게 되면서 다자주의 체제는 더욱더 인기가 떨어지는 악순환에 직면한다. 구조적인 문제에 봉착한 것이다.

지금 미국이나 중국이 입장을 바꾼다거나 러시아-우크라이나 전쟁이 단기간에 끝난다고 해서 이 문제가 해결될 것이라고 보기 힘들다. 이미 우리가 알고 있던 국제 체제가 그 근본부터 흔들리는 상황이라, 지금의 현상 몇 가지가 해결된다고 해서 깊어질 대로 깊어진 국가 간 불신이나 갈등의 골이 해소되긴 힘들 것이다.

그렇다 보니 이제 서로가 법률전쟁으로 상대방을 공략할 수밖에 없다. 이러한 상황에서 우리는 어떻게 해야 하는가? 이러한 변화를 인식하고 법률전쟁 관점에서 입장을 수립하고 상대방과의 논의 또는 대결에 나서야 한다.

우선 우리나라의 이해관계를 옹호하기 위해 국제법을 적극 활용해야 한다. 주요 정책에 대한 법적 논거를 확보하고, 민관이 협력해서 전문가와 싱크탱크를 동원해야 하며, 다른 나라의 주장을 논리적, 체계적으로 분석해 압박해야 한다.

지금 열전과 냉전이 동시에 벌어지고 있다. 열전이 냉전으로, 냉전이 열전으로 넘나들고 있다. 현재 러시아-우크라이나 전쟁은 열전이라고 볼 수 있고, 미국과 중국 간의 분쟁은 냉전의 양상이라고 하겠다.

최근 놀라웠던 사실이, 일반적으로 국제법적 규범에 크게 개의치 않을 것으로 보이는 미국의 트럼프 전 대통령이 인터뷰를 하거나 연설할 때마다 자주 입에 올린 단어가 '국제법'과 '국제 규범'이라는 것이다. 트럼프 대통령은 이것을 중국에 적용하겠다고 반복해서 언급했다. 규범에 대한 미시적 분석이 아닌 전략적 활용을 꾀한 것이다. 중국 역시 항상 국제법과 국제 규범을 거론하며 미국에 반박하고 있다. 이것이 바로 법률전쟁으로, 이러한 현상은 새로운 차원의 냉전이라고 할 수 있다.

국가 간 숨 막히는 숨바꼭질

우리나라에서도 인기 있는 배우 톰 크루즈가 주연한 영화 중에 〈아메리칸 메이드American Made〉라는 작품이 있다. 2017년 개봉된 더그 라이만 감독의 이 영화는 미국과 중남미를 오가며 마약 밀매, 무기 전달 등 다양한 활동을 한 민간 항공기 조종사인 배리 실Barry Seal의 실화를 바탕으로 한 것인데, 민간 항공기 조종사를 동원해서 미국 정부가 니카라과 반군을 지원한 역사적 사실을 다루고 있다. 이 영화에서는 한 국가가 타국의 국내 분쟁에 개입하지만 개입하지 않는 척하며, 가급적 정부 기관의 관여를 노출하지 않고 민간인들 뒤에 숨어 국가 정책 목표를 달성하는 과정이 흥미진진하게 그려졌다. 정부 기관이 개입하는 순간 복잡한 국제법적 문제가 뒤따르기 때문이다.

유명 주간지 《타임》의 1987년 7월 20일 자 표지에는 〈아메리칸 메이드〉의 배경이 되는 이란-콘트라 사건의 주역인 올리버 노스Oliver North 미 해병 중령이 미 의회 청문회에서 증언하는 장면이 실려 있다. 청문회에서는 그가 사건의 전모를 얼마나 알고 실행했는지, 당시 레이건 대통령이 직접 지시한 것인지, 미 중앙정보국Central Intelligence Agency, CIA이 개입되었는지 등을 집중적으로 추궁했는데, 톰 크루즈가 열연한 민간 항공기 조종사 역할이 이와 관련된 것이다.

이것이 논란이 된 것은 미국이 국가 소속이 아닌 민간 항공기 조종사들을 대거 동원하여 국가 정책을 추진했기 때문이다. 니카라과 등 일부 나라들은 여기서 미국 정부 기관의 흔적을 찾기 위해 샅샅이 살핀다. 하나의 국가는 숨고 다른 국가들은 찾아다니는 국가들 간 숨바꼭질이 펼쳐진 것이다. 이 숨바꼭질은 지금도 이어지고 있다.

경계선을 넘나드는 민간 군사 기업

영화 한 편을 더 언급하겠다. 우리나라에서도 인기 있는 마이클 베이Michael Bay 감독이 만든 2016년 개봉 영화 〈13시간13Hours〉이다. 이 작품 역시 실화를 바탕으로 한 것으로, 2012년 9월 11일 리비아 벵가지에서 벌어진 미국 대사 피살 사건 당시 미국 대사관 직원들을 구출했던 민간 군사 기업의 활동을 실감나게 그렸다. 구출 직전에 나선 사람들은 당시 CIA가 고용한 해외 신속 대응 요원Global Response Staff, GRS들이다. 리비아 벵가지 공격 사건은 리비아 지도자 카다피가 축출된 후 이슬람 무장단체가 리비아 벵가지에서 사실상 미국 대사관 역할을 하던 주 리비아 특별 대표부U.S. Special Mission in Benghazi에 테러를 감행한 사건이다. 당시 크리스토퍼 스티븐스 미 대사를 비롯해 4명의 희생자가 발생했는데, 이를 영화화한 것이다.

〈13시간〉에서는 〈아메리칸 메이드〉에서 톰 크루즈가

열연했던 역할이 더 공격적으로 확대되어, 민간 군사 기업 Private Military Company, PMC이 등장한다. 최근 푸틴 대통령의 측근인 러시아 용병 기업 '와그너 그룹'이 러시아-우크라이나 전쟁에서 활약했는데, 와그너 그룹이 바로 민간 군사 기업이다. 〈13시간〉에서는 민간 군사 기업이 미국 대사관 경비를 하다가 실제 교전 상황에 참여해서 미군과 힘을 합쳐 전투에 나서는 장면이 나오는데, 이는 예전에는 볼 수 없던 모습이다. 일종의 전쟁 아웃소싱이다.

앞서 400년 전 이야기를 하면서 베스트팔렌 조약을 언급했다. 이 조약에서 국가 중심 체제와 국제사회 규범이 확립되면서 이후 국가 간의 전쟁은 정식 전투복을 입은 군인들 간의 전쟁이었다. 그런데 〈13시간〉에서 벌어지는 전쟁에는 민간인도 참여한다. 민간인이 군인과 똑같은 통신 장비를 갖추고 함께 교신하면서 전쟁에 뛰어드는 것이다.

그렇다 보니 어디까지가 국가 간의 싸움이고, 또한 이에 따르는 국가의 책임은 어디까지인지가 불명확해진다. 민간 군사 기업에 속해 참전하는 사람들이 군인인지, 아니면 단지 외국 영토에서 활동하는 무기를 든 외국인인지 헷갈린다. 만약 전자라면 국제법이 적용될 텐데, 후자라면 그러한 민간인의 국적국이나 전투가 벌어지는 국가의 국내법이 적용되어 전혀 다른 사안이 된다. 실로 전례 없는 현상이 나타나고 있는 것이다. 주로 정규군이 나서기 힘들거나 나서기 곤란한 상황을 메우기 위해 민간 군사 기업을 고용한다. 국제사회에서 법적 책임을 피하거나 줄이기 위해 원청·하청 기업이 활용되는 것처럼 국제사회에서도 이와 비슷한 현상이 확산되고 있다.

이런 현상은 좋게 보면 공적 영역과 민간 영역이 힘을 합치는 '민관 협력'의 모습이겠지만, 나쁘게 보면 국제사회의 기본 체제가 그 기반에서부터 흔들리는 일이다. 1648년에 마련된 베스트팔렌 체제가 수명을 다하고 있다는 것을 보여주는 상징적인 사례다. 그리고 최근 러시아의 우크라이나 침공 사태에서도 이러한 부분이 여실히 드러나고 있다. 군사적으로 가장 강대국 중 하나인 러시아도 민간 군사 기업에 크게 의존하고 있는 모습이다.

틈새시장을 파고드는 중국

2019년, 중국 시진핑 주석이 해상 민병대를 시찰하는 장면이 우리 언론에 보도된 적 있다.[15] 해상 민병대는 미·중 간 그리고 중국과 필리핀 등 인접 국가와 갈등이 이어지는 남중국해에서 활동하는 민간인들이다. 이때 시진핑 주석의 시찰 태도를 보면 정부와 민간인 사이에 교감을 넘어서는 보이지 않는 무언의 강한 유대가 느껴진다.

이들 해상 민병대는 중국 정부 기관과 함께 해상에서 여러 활동에 관여하는 것으로 알려지고 있다. 영화 〈13시간〉에서 민간 군사 기업이 군사 작전에 참여하듯, 그리고 〈아메리칸 메이드〉에서 민간인이 국가 외교·군사 전략 수행에 참여하는 상황과 비슷하다.

〈아메리칸 메이드〉에서 그려진 니카라과 사태는 1980년대의 일이니 이미 오래전부터 보이지 않는 유대를 토대로 국가 정책이 추진되고 이를 둘러싼 국가 간 갈등이 존재해왔음을 알 수 있다. 이러한 모습이 더 확대되어 지금 영역을 넓혀가고 있는 것이다.

또한 2020년에 중국 국영 기업을 방문한 시진핑 주석의 행보도 화제가 된 적이 있다.[16] 국영 기업은 정부가 소유한 기업으로, 정부가 나서서 민간 기업처럼 경제 활동을 한다. 이는 민간인이 정부 기관을 대리해 해상 규제 활동을 하는 것과 같은 맥락이다.

미·중 분쟁에서 핵심 사안 중 하나가 남중국해에서의 해상 민병대 활동이나 국영 기업을 통한 민간 시장 통제와 같은 '민관일체형' 국가 정책 목표 추진 기제이다. 중국뿐 아니라 미국도 이러한 기제를 가동하고 있다. 반도체 산업이 대표적이다. 이런 부분들은 국제 질서의 새로운 현상이다. 즉 법률전쟁 관점에서는 이들이 기존 틀에 얼마나 부합하는지를 다투는 논쟁적인 사안이 된다.

왜 논쟁적인 사안일까? 이러한 새로운 현상에 대한 규범 자체가 명확하지 않기 때문이다. 1648년 체제는 국가들 사이의 관계를 규율하며 그것이 무려 400년간 이어져왔다. 그 체제에서 전쟁이건 무역이건 투자건 간에 미국과 중국의 관계를 규율할 수 있는데, 민간인이 이리저리 개입된 지금의 현상은 규범 측면에서 틈새시장이 열린 것으로 보면 된다.

그래서 중국 정부와 교감하는 민간인들이나 국영 기업들이 나서서 활동할 때 미국은 이들에게 중국 정부와 마찬가지의 국제 규범을 적용해야 한다고 주장하지만, 중국은 이를 받아들이지 않는다. 미국이 주장하는 국제 규범은 중국이라는 나라에 적용해야 하는 것이지, 중국 내 '민간인들'

활동에는 적용할 수 없다는 것이다. 따라서 그러한 주장을 하는 미국이나 캐나다, EU는 중국의 주권을 침해하고 내정 간섭을 하고 있다는 것이 바로 중국의 논리다. 비록 이는 아주 간단하게 정리한 것이지만, 이처럼 최근 국가 간의 관계는 상당한 논리적 구조를 가지고 움직인다. 최근에는 미국도 이와 유사한 민관교감형, 민관일체형 정책을 추진하고 있어 상황이 더 복잡해졌다.

중국과 러시아가 감춘 속내

현재 중국의 속마음을 들여다보자. 1840년에 아편전쟁이 발발한 후, 1842년에 난징 조약이 있었다. 그리고 1860년 베이징 조약, 1898년 제2차 베이징 조약을 거치면서 서구 열강들은 중국을 침략했다. 중국은 지금도 그때의 치욕을 이겨내고자 결의를 다지고 있다. 신냉전 체제로 돌아가면서 중국은 지난 200년간 서구 열강으로부터 받았던 굴욕에 대응하고자, 자세를 새로이 하고 있는 것이다.

그렇다면 러시아의 속마음은 어떠할까? 오스트리아 수도 빈 중심부에는 기관총과 방패를 든 소련군 동상이 웅장하게 서 있다. 그리고 그 주변에는 러시아 말로 "소련군이

제2차 세계대전에서 얼마나 용맹스럽게 독일과 싸웠는가, 유럽 인민들의 해방을 위해 소련이 얼마나 노력했는가"라는 글귀가 적혀 있다.

오스트리아는 제2차 세계대전 이후 4개 승전국에 분할 점령되었는데, 시간이 지난 이후에도 소련은 오스트리아에서의 철군을 거부했다. 이에 오스트리아가 소련의 마음을 얻기 위해 도심 한복판에 소련군 전승 기념비를 세우게 되었다. 그런데 1955년 소련이 오스트리아에서 철군한 이후, 오스트리아는 상당 기간 영세 중립국으로 남게 되었다. 그런데 지금은 외교적 스탠스가 완전히 바뀌어 이제 강력하게 러시아를 비판하는 국가 중 하나가 되었다.

러시아 입장에서는 냉전 시대에만 해도 동구권 국가 전체는 물론 오스트리아까지 자신들 편이었는데, 지금은 그들이 모두 서방 국가의 손을 잡고 있으니 아마 속이 쓰릴 것이다. 심지어 국경을 마주하고 있는 우크라이나와 몰도바마저 북대서양조약기구North Atlantic Treaty Organization, NATO, EU 영향권으로 넘어가고 있으니 불만이 있을 수밖에 없다. 이와 같은 역사적 배경, 중국과 러시아의 오랜 속마음을 아는 것도 작금의 신냉전 체제의 현실을 이해하는 데 도움이 된다.

'텍사스 공화국'은 어떻게 미국이 되었나

미 합중국의 51개 주 중 하나인 텍사스는 한때 독립국이었다. 텍사스는 1835년부터 1845년까지 10년간 독립국으로 존재했다. 그래서인지 텍사스는 지금도 미국 내에서 상당히 독자적인 노선을 지향하고 있다.

텍사스는 원래 멕시코 땅이었는데, 미국 사람들이 이곳에 정착해 개척한 이후 멕시코와 독립전쟁을 거쳐 독립국으로 출범했다. 그게 1835년의 일이다. 당시 알라모 요새에서 벌어진 멕시코와 텍사스 주민 간의 전투는 영화로도 많이 만들어져, 오래전에 존 웨인John Wayne이 나오는 〈알라모Alamo〉라는 영화가 있었고, 이후로도 이를 배경으로 여러 영화가 만들어졌다.

독립국이었던 텍사스 공화국Republic of Texas은 1845년에 미국과 합병해서 지금에 이르고 있다. 그럼 지금 텍사스 이야기를 하는 이유는 무엇인가? 최근에 미국이나 유럽 국가들이 러시아가 우크라이나 동부 지역인 돈바스 지역을 합병하려는 것을 두고 국제법 위반이라고 했더니, 러시아가 과거 텍사스 사례를 들며 반박했기 때문이다.

멕시코는 텍사스 공화국이 미국과 합병하자 더는 참을 수 없다며 1846년 미국과 전쟁을 시작했다. 하지만 전쟁은 멕시코의 패배로 귀결되었다. 이때 미국-멕시코 전쟁을 종결하기 위해 멕시코의 과달루페 이달고에서 체결한 조약이 과달루페 이달고 조약Treaty of Guadalupe Hidalgo이다.

1848년 체결된 이 조약으로 거의 지금 미국 영토의 4분의 1이 새롭게 확보되었다. 다음 그림에서 빨간 선으로 구획된 부분이 원래 멕시코 땅이었다가 미국으로 넘어간 영역이다. 즉 텍사스, 콜로라도, 애리조나, 뉴멕시코, 와이오밍, 캘리포니아, 네바다 등이 이때 모두 미국 땅이 된 것이다.

■ 멕시코에서 미국 영토로 편입된 영역
■ 멕시코 영토

1848년 과달루페 이달고 조약의 결과

지금도 멕시코에서는 이 조약이 국제법 위반한 것으로 영토를 돌려받아야 한다는 이야기가 종종 나오고 있다.

이 조약에서는 실제는 영토 매수의 형태를 취했다. 이때 미국이 멕시코에 지불한 금액은 고작 1500만 달러였다. 지금 시세로 따지면 우리 돈 2조 원 정도 되는 돈이지만, 2조 원으로 미국 영토의 4분의 1이나 되는 땅을 획득했으니 큰 횡재였었다고 할 수 있다.

혼돈을 바로잡는 규범의 힘

멕시코와 미국의 관계를 돌이켜보면 1800년대 중반부터 지금까지 미국이 어떻게 국제사회에서 주도권을 잡고 최강국이 되었는지를 알 수 있다. 또한 최강국 지위를 유지하기 위해 어떻게 외국과 대결하고 협력하는지도 알 수 있다.

동시에 러시아와 중국의 입장도 유추할 수 있다. 현재 러시아는 자국의 이해관계를 위해 여러 가지 다양한 논리를 구사하고 있으며, 중국도 그러하다. 미국이 신장 위구르 지역의 인권 문제를 제기하면 중국도 곧바로 인종 차별 등 미국의 인권 문제를 제기한다.

이렇듯 강대국들이 여러 영역에서 자국의 입장과 이해

관계를 상대방에게 전달하고 설득하는 과정이 지금 활발하게 이루어지고 있다. 그리고 이러한 전달 매개체의 핵심이 바로 규범, 국제법이다. 이것이 이른바 법률전쟁이다.

그리고 법률전쟁을 통해 전개되는 게 신냉전으로, 앞서도 말했듯 이 냉전은 이념 대결이 아닌 논리 대결이다. 이 논리 대결에서 규범이 다양하게 동원되는데, 그 규범의 기저를 다지는 것이 바로 주요국의 학자들, 싱크탱크 등이다. 그래서 현재 국가 간의 다툼이 국제회의장인 UN 회의장, ICJ를 비롯한 다양한 국제법원 등에서 전개되고 있다.

신냉전 체제는 현재 부인할 수 없는 시대적 흐름이다. 이러한 때 우리는 무엇을 준비하고 어떻게 처신해야 할까? 과거를 돌이켜보면 우리나라가 활발하게 세계로 뻗어나갔던 시기는 아마 1980년대 이후부터였을 것이다. 그 이후 근 45년에 걸쳐 비약적인 발전을 이루었다. 이제 선진국의 대열에도 들어섰다. 지금까지의 국제 체제가 앞으로도 그대로 유지된다면 우리나라의 미래도 더 안정적으로 펼쳐질 텐데, 국제사회 자체가 혼돈 상태에 빠지면서 우리도 예상치 못한 고난의 시절을 맞게 되었다.

단순하게는 미·중 대결에서 사안별로 누구 편을 들어야

하는지를 고민해야 하고, 조금 더 크게 보면 여러 국가가 새로운 차원의 국제 활동과 의사결정을 하는 신냉전 시대에 우리가 해야 할 일을 고민해야 한다. 이와 같은 고민으로 다양한 결론에 이를 수 있을 것이다. 어쨌든 이러한 답을 찾는 과정에서 그 밑바탕이 되어야 하는 것이 바로 이러한 흐름을 이끌어가는 규범을 이해하는 일이다.

혼돈의 시대에 오히려 더 필요한 것이 규범에 대한 이해다. 국제사회에 통용되는 규범에 대한 이해와 논의를 통해서 국익을 좀 더 체계적이고 논리적으로 모색해야 하는 시점이다.

Q 묻고

답하기 A

디지털 시대의 허점을 노린 디지털 범
죄가 많이 증가하고 있다. 변화하는 범
죄 유형에 따라 국제법도 강화되고 있
는지 궁금하다.

"엄마, 나 휴대폰이 고장 나서 그러는데, 돈 좀 보
내줄 수 있어?"와 같은 내용의 피싱 문자를 뉴스
에서 본 적이 있을 것이다. 실제로 많은 사람이 사
칭형 미끼 문자를 받아본 경험이 있을 것이다.

이처럼 디지털 시대에 교묘하게 발전한 보이스
피싱을 비롯해 온라인 사기, 데이터 유출 등 다양

한 범죄가 끊이지 않고 있다. 알게 모르게 국제적인 디지털 범죄도 많이 일어나고 있다. 이메일을 통해 미국의 복권번호를 알려준다는 귀여운 수준의 사이버 사기부터, 불법 촬영물과 성 착취물을 유포하는 심각한 디지털 성범죄까지 그 유형은 실로 다양하다.

이 같은 디지털 체제에서 새로운 유형의 범죄 확인과 처벌을 위해 각국 형사 사법 당국이 서로 협조를 많이 한다. 디지털 성범죄만 해도 국제적으로 공조를 신청한 건의 거의 10%를 차지한다고 한다.[17] 형사 사법 공조 조약이나 범죄인 인도 조약 등 기존의 국가간 협력 체제를 강화하기도 하고, 범죄 정보의 국제 공유 체제를 통해 범죄 활동을 억제하는 작업도 새롭게 이루어지고 있다.

또한 새로운 디지털 분야 협정 체결 과정에서 디지털 범죄를 어떤 식으로 처벌하고 국가들은 어떻게 공조할 것인가에 대한 새로운 방안을 논의하기도 한다. 대표적인 예시가 바로 디지털 범죄의 신속한 공조를 돕는 '부다페스트 협약Convention on

Cybercrime, Budapest Convention'이라고 할 수 있다. 부다페스트 협약은 사이버 범죄와 디지털 증거 수집, 국가 간 협력과 관련된 협약이다. 한국은 미가입 상태였으나, N번방 사건과 같은 여러 디지털 성범죄 사건을 겪은 후, 2023년 6월 유럽 평의회로부터 가입 초청서를 받아 구체적인 협약 가입 방안을 현재 협의 중이다.[18]

범죄 유형이 달라지면 그에 따라 법률과 대응방안을 새롭게 정비하는 것은 국가의 기본 책무다. 기술 발전으로 기존에 보지 못했던 다양한 디지털 범죄 유형이 등장할 것이다. 그리고 디지털 범죄에는 국경이 없는 만큼, 국가 간 협력이 더욱더 중요하다. 앞으로 디지털형 범죄를 더 정확하게 타깃팅하고 처벌할 수 있는 국제 협력 체제가 구축되어야 한다.

범죄자와 피해자의 국적이 다른 경우
어느 나라 법이 적용되는가?

사안마다 다르지만, 원칙적으로는 두 나라 모두가 관할권을 갖는다. 가령 한국에 사는 우리가 중국에 사는 사람이 기획한 보이스피싱에 사기를 당했다면 한국 정부와 중국 정부 모두 수사권을 갖는다.

미국과 한국 간에도 마찬가지다. 이때도 두 나라의 법이 다 적용된다. 다만 문제는 어느 쪽이 실제 범죄자를 체포하고 처벌하는 권한을 갖는가 하는 것이다. 일반적으로 모든 조건이 같다면 피해자의 국적국이 더 강한 이해관계를 갖는다고 할 수 있다. 자국민 중 큰돈을 잃어버리거나 크게 신체적 피해를 본 사람이 있다면 피해자의 국적국이 처벌을 위한 노력을 더 많이 기울일 것이다.

범죄자의 국적국은 피해자의 국적국보다 적극성이 덜한 것이 일반적이다. 국가별로 처벌 인센티브에 온도 차가 있는 것이다. 그런데 범죄자의 국적국과 피해자의 국적국이 서로 협조해야 효과적인 처벌이 가능하므로, 협력을 강화하기 위한 노력이 다양하게 이루어지고 있다.

단순히 사건별로 관련 국가들이 협력하는 것 외에도, 국가들은 세계적인 규모로도 협력 체제를 도입하고 있다. 그 예로 2014년 설립된 세계범죄피해자지원연합회인 VOCI[Victims of Crime International]를 들 수 있다. 비정부 기구인 VOCI는 국제적 차원의 범죄 피해자를 지원하기 위해 국가 간 협력을 도모하고, 협력의 장을 확대하는 역할을 하고 있다.[19]

국제법에 관심을 갖게 된 계기는 무엇인가?

어렸을 때부터 국가 간의 관계, 역사에 관심이 많았다. 기본적으로 세상 돌아가는 모습에 관심이 많았다고나 할까? 그러다 보니 국가들끼리의 관계를 규율하는 국제법에까지 관심이 닿은 것이다.

대학 졸업 후 외교부 조약과에 일하며 실질적인 문제들과 구체적인 현안들을 직접 접하면서 국제법의 가치를 더욱 실감했다. 국제법이 모든 문제의 해결을 위한 만능 열쇠는 아니지만, 중요한 문제들은 반드시 국제법의 틀에서 논의된다는 것을 깨달았다. 그리고 강대국일수록 자국의 이익에 맞게 국제법을 다양하게 활용하는 모습을 보인다는 것도 알게 되었다. 국가는 자국에게 유리한, 전략적인 판단을 하지만, 그것을 대외적으로 표출하고 다른 국가에 전달할 때는 논리적인 틀에서 전달해야 한다. 그것이 바로 국제법이다.

국제법은 어려운 내용이 아니다. 사람 사는 데는 전부 법이 있기 마련이다. 물건을 사고팔 때, 전세 계약을 할 때, 자동차 운전을 할 때 우리는 모두 법을 따르지 않는가. 그 법이 국내에 적용되면 국내법이고 국제사회에서 국가 간에 적용되면 국제법이다. 딱히 새로울 게 없다. 법이라는 것도 결국 사람 사는 이야기다. 사람 사는 세상에 대한 규범이다. 국제법도 마찬가지다. 지금은 사람 사는 세상이 국제화가 되었으니 모두 국제법에 관심을 갖는 것이다. 이제는 법학을 전공하지 않은 사람도 국제법에 관심을 가질 수밖에 없을 것이다. 마치 영문학을 전공하지 않아도 영어를 익히고 사용하는 상황과 비슷하다고 할 수 있다.

국제법 위반 시 국제기구가 강제적으로 개입할 수 있는가?

원칙적으로 국제기구는 별도의 권한이 조약에 의해 부여되지 않는 한 국제법을 위반한 국가에 대해 강제력을 행사할 수는 없다. 이때는 권고나 외교적 압박을 흔히 채택한다. 때로는 관련 조약이 국제기구에 강력한 권한을 부여하고 이때 이 국제기구는 해당 국가를 징계할 수도 있다. 또 관련 조약에 따라 ICJ 등 국제법원이 재판을 진행하기도 한다. 그 결과에 따라 손해배상이 명해지기도 한다. 다만 무력 사용의 경우에는 이야기가 다르다. 전쟁 등 무력 충돌이 발생하면 UN 안전보장이사회가 UN 헌장 제 7장에 따라 강제적으로 개입할 수 있다. 헌장에 따라 안보리는 '평화에 대한 위협, 평화의 파괴 또는 침략 행위'를 막고, '국제 평화와 안전'을 확보하기 위해 무력 행사를 포함한 여러 조치를 취할 수 있다. 또한 안보리가 강제 조치를 취할 경우 적절한 지역기구들을 동원할 수도 있다. 이처럼 UN 안보리는 여러 수단을 동원해 무력 공격 등을 자행한 국가들에 대해 제재 조치를 내리고 있다.

물론 UN 안보리가 거부권 등을 이유로 국제 위기 상황에도 제 기능을 발휘하지 못하는 경우도 있다. 그러면 이 경우 UN 안보리나 여타 국제기구에서의 논의는 무용지물인가? 그렇지 않다. 국제기구의 역할 중 하나는 국제문제를 공론화하고, 국제 규범을 위반해 국제질서를 어지럽힌 국가에 공식적인 절차와 자료를 통해 비난을 객관화하고 위반을 공식화하는 것이다. 영어로는 'naming and shaming(이름을 거명하여 수치스러움을 안기는)' 접근법이라고 한다. 국제기구는 이 전략을 이용해 규범을 어긴 국가를 국제법 위반국으로 낙인찍어 국제적으로 나쁜 평판을 공식적으로 형성한다.

또한 국제기구는 위반국에 대해 국제기구에서 제명하거나 자격을 정지시킬 수도 있다. 대표적인 예로, 북극 이사회에서 여러 이사국들이 우크라이나에 대한 무력 공격을 자행한 러시아를 제외하고 논의를 이어나가는 모습을 들 수 있다.

국내법과 국제법이 충돌했을 때는 어떤 법을 따라야 하는가?

국내법과 국제법이 충돌할 경우, 국가들은 자국 내 법 질서에 따라 어떤 법을 따를지 개별적으로 선택한다.

국제법과 국내법의 관계에 있어 이를 설정하고 설명하는 두 가지의 방식이 있는데, 바로 이원론과 일원론이다. 뜬금없이 어렵게 들리는 이론을 왜 설명하는지 의아하겠지만, 이는 국제법과 국내법의 충돌을 이해하는 데 필요하다.

이원론은 국제법과 국내법이 별개의 법 체계이며, 두 법은 별도로 움직이므로 충돌될 일이 없다는 이론이다. 다만 국제법을 국내법으로 가져오는 과정에서는 이 작업이 매끄럽게 진행되지 않으면 충돌이 생길 수 있다고 본다.

반면 일원론은 국제법과 국내법은 하나의 법질서를 구성하고 있으며, 따라서 동일한 법체계 내에서 자연스레 충돌이 생길 수 있다는 이론이다.

이원론을 따르든 일원론을 따르든 실제 국가들 간 충돌과 분쟁이 생길 수밖에 없을 것인데, 어떻게 이를 해결할까?[20]

대부분의 국가는 예방적인 방법을 사용한다. 충돌이 생기면 나중에 바꾸고 해결하는 것이 골치 아프기 때문이다. 예방적인 방법으로는 새로운 국제 규범을 만들 때 국내법과 다른 부분을 확인하면서는 처음부터 참여하지 않거나 동의하지 않는 선택지가 있다. 때로는 일부 항목에 대해서만 동의하지 않는 방법도 있다.

예컨대 문화적인 이유로 바다거북을 사냥하는

남태평양의 국가가 거북이를 보호하자는 취지의 조약에 가입한다고 가정해보자. 조약에 '바다거북을 의도적으로 포획·살상해서는 안 된다'는 조항이 있다고 한다면, 남태평양 국가는 그 조항에 대해 문화적인 이유로 진행되는 일정 숫자 이하의 바다거북 포획은 허용된다는 취지의 조건을 붙일 수도 있다. 이 경우 조약에 가입하면서 어느 정도 바다거북을 포획할 수 있다. 이것을 '조약의 유보'라고 한다.

그러나 예상치 못한 일은 일어나는 법이다. 사전에 충돌을 막지 못했다면, 국가들은 신법 혹은 특별법 우선의 원칙을 적용해서 판단한다. 즉 비교적 최근에 만들어진 법을 따르고, 그래도 충돌이 해소되지 않는다면 적용 범위가 제한된 법을 우선적으로 적용한다. 예를 들어 바다거북의 산란기에는 사냥이 금지된다는 법과 어느 경우에도 녹색바다거북을 사냥해서는 안 된다는 법이 있다고 가정하자. 대부분의 국가는 양자가 충돌한 경우 적용 범위가 보다 좁은 녹색바다거북 사냥을 금지하는 후자의 법을 우선 적용한다. 그것이 국제법이든, 국내법이든 동일하다.

국제법과 국내법이 서로 다른 절차에 의해 만들어지기 때문에 두 법이 충돌할 가능성이 크다고 생각할지도 모른다. 그러나 현실 세계에서는 양자 간 충돌은 그리 빈번하게 발생하지는 않는다. 원칙적으로 국제법은 국가 간의 합의에 기초하므로 애초에 국가들은 국내법과 충돌하는 국제법의 형성에는 참여하지 않기 때문이다. 또한 국내외 상황의 변화로 어쩔 수 없이 새로운 국제법을 채택했다면, 국제법과 국내법이 조화되는 방향으로 자국의 기존 국내법을 변경할 계획을 이미 수립한 경우가 대부분이기 때문이다.

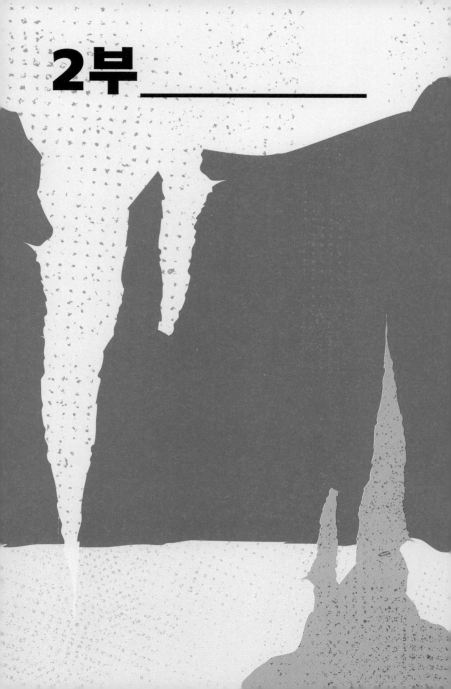

2부＿＿＿＿＿＿

선을 넘는

디지털
시대가

넘는

온
다

우리는 지금 급속히 도래한 디지털 시대에 살고 있다. 국경을 뛰어넘어 물건을 팔고 서비스를 제공하며 범죄도 감행되는 오늘날 더 이상 1648년 베스트팔렌 체제는 제힘을 발휘하지 못한다. 세상은 빠르게 변하는데 규범이 그것을 쫓아가지 못하고 있다. 국제법의 빈틈을 두고, 이를 활용하고 남용하며 자신들의 계획대로 빈틈을 채우기 위한 국가들의 법률전쟁은 더욱 첨예해지고 있다. 영토와 사이버 공간을 넘나드는 혼돈의 시대, 새로운 분쟁의 시대에 우리의 이익을 지키고 경쟁에서 앞서나가기 위해 어떤 전략을 세워야 할 것인가?

0과 1의 세계로
확장하는 국제 질서

21세기 콜럼버스를 꿈꾸는 국가들의 대결

현재 세계 각국은 자국 중심의 규범을 새로 만드는 일에 집중하고 있다. 국내 규범, 국제 규범 모두 그렇다. 디지털 시대의 도래로 국가 간, 기업 간 분쟁과 다툼이 활발해지면서 모두가 자국의 이익을 늘리는 일에 사활을 걸고 있다. 그중 하나가 규범 영역을 선점하는 프로젝트다. 소리 없는 전쟁이 시작된 것이다. 이제 우리도 이러한 새로운 법률전쟁에 뛰어들어 적극적으로 국익을 지켜내야 한다.

디지털digital에서 'digit'은 숫자를 의미하는데 이는 손가락을 뜻하는 라틴어 digitus에서 유래했다고 한다. 지금 우리는 디지털 시대에 살고 있다. 이 말인즉슨, 우리는 숫자로 이루어진 세상에서 살고 있다는 뜻이다. 처음에는 열 손가락으로 표현되는 숫자들의 정교하고도 복잡한 조합으로 우리가 본 것, 들은 것, 느낀 것을 표현하고 전달하는 데서 인류 문명은 시작되었다. 그다음 '0'과 '1'로 모든 것이 표현되는 디지털 시대가 도래했다. 지금은 '0' 또는 '1', 둘 중 하나가 아니라 '0' 그리고 '1'이 동시에 존재할 수도 있다는 양자 기술의 시대로 접어들었다.

디지털 시대는 인류에게 다양한 가능성을 제공한다. 오래되어 빛바랜 사진, 많이 들어 늘어진 카세트테이프는 더 이상 없다. 뉴진스의 〈Hype Boy〉를 친구에게 들려주기 위해 친구가 있는 곳까지 가서 직접 춤추며 불러주거나 택배로 녹음본을 보낼 필요도 없다. 원본 그대로 음악, 동영상, 사진 등을 자유롭게 실시간으로 주고받을 수 있다.

숫자를 통해 가치를 창출하는 디지털 시대는 인류에게 다양한 기회를 제공한다. 인류에게 무한한 가능성을 주는 만큼, 국가들은 디지털 분야에서 국제사회의 우위를 점하려 한다. 특히 중국과 미국의 기술 경쟁 양상이 두드러진다. 중국은 IT 굴기를 내세우며 디지털 기술을 빠르게 성장시키고 있다. 특히 정보통신기술Information and Communication

Technologies, ICT의 하나인 5세대, 6세대 이동통신기술(5G, 6G)에서는 중국이 일부 항목에서는 미국에 앞섰다는 전문가들의 의견도 있다.[1]

이에 IT 강국인 미국은 여러 국내외 정책을 통해 중국을 견제하기 시작했다. 미국은 소위 '클린 네트워크' 정책을 내놓고 화웨이와 같은 중국의 주요 IT 기업을 신뢰할 수 없는 IT 기업으로 지정하여 해당 기업의 장비를 사용하지 않을 것이라고 밝히고 있다.[2] 또한 이에 대한 미 동맹국들의 협조도 강력히 요청하고 있다.

〈오징어 게임〉과 '세금 게임'

한편 디지털 시대의 경쟁은 기술 경쟁뿐 아니라 규범 경쟁의 형태로도 나타난다. 아직 이 분야에선 명확하고도 통일된 규범이 없기 때문이다. 따라서 새로운 '숫자'의 시대에서 우리는 이전에 생각지 못했던 중요한 문제에 맞닥트리게 된다. 그건 바로 '어떤 규범을 따라야 할 것인가'다.

전통적인 사업이나 무역의 형태와는 달리, 디지털 시대의 사업과 무역은 국경선 없이 이루어진다. 과거에는 물건을 사거나 팔기 위해서는 국경을 넘어 다른 국가로 가야 했고,

그러면 그 국가의 법이 당연히 적용되었다.

그러나 디지털 시대는 다르다. 케이팝을 선도하는 BTS 와 블랙핑크가 태국에서 공연하는 것을 미국 기업인 유튜브를 통해 전 세계에 생중계한다면, 어느 국가의 규범이 적용되어야 할까? 이처럼 디지털 시대에는 행위지를 추적하는 것이 어렵다. 한국, 태국, 미국, 나아가 전 세계 모든 국가 중 어느 나라의 법률이 적용되어야 하는지 애매해진다. 그래서 어느 국가에 어느 정도의 세금을 내야 하는지와 같은 문제가 대두된다.

전 세계가 열광했던 넷플릭스 시리즈 〈오징어 게임〉을 떠올려보자. 〈오징어 게임〉은 약 9억 달러, 우리나라 돈으로 1조 원이 넘는 수익을 낸 것으로 알려져 있다. 수익이 큰 만큼 세금도 많이 내야 할 텐데, 도대체 어느 국가의 법에 따라 어디에 세금을 내야 하는 걸까? 넷플릭스가 미국 국적의 회사이므로 미국에 내야 할까? 감독과 주연배우들이 한국 국적이니 한국에 내야 하는 걸까? 아니면 이런저런 넷플릭스 물적 시설이 있는 전 세계 여러 국가에 나누어 내야 하는 걸까? 또는 시청자들이 있는 국가에 세금을 내야 하나? 답은 간단하지 않다.

넷플릭스와 같이 인터넷으로 콘텐츠를 송출하는 디지털 OTT 기업 혹은 외국 IT 기업들은 어떻게든 세금을 줄이려고 애쓰고 있다. 이들은 이익 대비 세금이 적은 국가 즉, 법인세가 낮은 국가의 법을 따르고자 한다. 넷플릭스의 경우, 미국 본사 외에 세율이 적은 네덜란드에 '넷플릭스 인터내셔널'이라는 법인을 하나 더 두어 네덜란드 법인에서 이용권을 구매해 한국에 되파는 식으로 법인세를 아끼고 있다고 한다. 넷플릭스뿐만 아니라 구글, 애플과 같은 IT 기업들도 법인세율이 낮은 싱가포르나 아일랜드에 세운 법인을 통해 매출을 확인하고 궁극적으로 세금을 덜 내는 방식을 택한다고 보도되고 있다.

이게 가능한 것은 디지털 시대가 도래했음에도 디지털 활동에 대한 통일된 용어나 정의, 규범이 없기 때문이다. 물론 새로운 시대 규범에 대한 논의가 아예 없었던 것은 아니다. 첫 논의는 WTO에서 1998년에 시작되었다. 그러나 그간 디지털의 개념과 범위가 확장되다 보니, 이전 WTO에서 논의된 내용과 현재 시장에서 디지털의 의미에는 차이가 있다. 그렇기 때문에 시대에 발맞출 새로운 개념 정의와 규범이 필요한 시점이다.

이처럼 요즘 '핫'한 디지털 분야에 대한 명확한 규범이 없는 만큼 국가들도 자국에게 유리하게 규범을 형성해 나가려 한다. IT 기업들이 세금을 줄이려고 하는 것처럼 마찬가지로 국가들도 자국 상황을 고려하여 자국의 입맛에 맞는 규범을 만들기 위해 노력한다.

디지털 분야에서 특히 쟁점이 되는 부분은 바로 '이들을 얼마만큼 규제해야 할 것인가'다. 먼저 미국은 가급적 규제를 최소화해야 한다는 입장이다. 미국은 앞으로도 디지털 콘텐츠 등 전자적 전송물에 대해 지금처럼 관세를 매겨서는 안 된다고 본다. 또한 국경 간 데이터를 자유롭게 주고받을 수 있어야 하며, 데이터를 국외로 이동하는 것에 대해 제한하지 말아야 한다고 주장한다. 넷플릭스, 구글과 같은 전 세계 주요 IT 기업들이 미국에 몰려 있다는 것을 생각해보면, 미국의 입장에서 이러한 주장은 충분히 이해된다. 자유로운 경쟁을 보장하면 미국에 이득이라고 보는 것이다.

디지털 시장의 '보이지 않는 손'

미국과 전 세계 디지털 시장에서의 패권을 두고 다투고 있는 중국의 입장은 어떤지 알아보자. 중국은 가능한 한 강력한 규제를 통해 독자적인 시장을 만들고자 한다. 중국의 인터넷 인구는 14억 2500만 명에 달하는데, 이는 미국 인구 3억 4200만 명의 세 배에 달한다. 이들이 대부분 인터넷을 통한 디지털 시장에 이리저리 참여할 테니 기본적으로 중국의 디지털 시장 잠재력은 미국에 비해 훨씬 크다.

중국은 이들을 미국을 포함한 다른 나라에게 빼앗기고 싶지 않아 한다. 이를 위해 자국민의 개인정보를 보호한다는 명목으로 데이터 이전을 강력하게 제한하고 해외 웹사이트를 차단하는 등 다양한 정책을 펴고 있다. 중국의 디지털 무역장벽은 자국 IT 기업들을 발전시키고 보호하려는 목적을 표방한다. 이는 다시 '국가안보' 보호조치로 설명된다.

이 밖에 EU는 전자상거래에서 무관세를 지지하지만, 개인정보 보호를 위해 디지털 매체의 이동은 제한적으로 이루어져야 한다고 본다. EU의 주장은 미국과 중국의 중간 정도라 할 수 있다. 개발도상국은 아직 디지털 분야에 있어 독자적인 시장이 없기 때문에 전자적 전송물에 관세를 부과해서는 안 되며, 선진국과의 기술 격차를 해소하는 방안을 마련해야 한다고 주장한다. 사실 디지털 시대가 도래하면서 선진국·개도국 격차는 오히려 더 벌어지고 있다. 이는 앞으로 국제사회의 큰 갈등 요인이다.

　이처럼 동일한 디지털 규범을 이야기하지만 주요국의 생각은 모두 다르다. 특히 지금 국제사회의 주요 관심사인 AI 규제로 가면 이러한 차이는 더욱 커진다.

　이와 같이 새로운 디지털 규범을 마련하려는 논의는 WTO, 경제협력개발기구Organization for Economic Co-operation and Development, OECD를 포함한 다양한 국제기구와 여러 국가의 양자, 다자 간 채널을 통해 이루어지고 있다. 각국은 자국에 유리한 여건을 만들기 위한 규범 마련에 목소리를 높이고 있다.

법보다 빠르게 발전하는
디지털 사회

대전환 시대, 오프라인에서 온라인으로

앞서 1부에서의 키워드는 1648년 베스트팔렌 체제와 법률 전쟁, 두 가지였다. 이 두 가지만 기억하면 현재 국제사회 의 대체적인 흐름을 짐작할 수 있다. 이 흐름은 신냉전 기 류로 발현되고 있고, 여기에 러시아, 중국, 미국, EU가 적 극적으로 올라타고 있다.

  이제부터는 디지털 사회를 이야기할 텐데, 디지털 분야 는 기본적으로 베스트팔렌 체제와는 맞지 않고 이에 따라 법률전쟁이 가장 활발하게 일어나는 영역이다. 국가 간에 가장 활발한 논의와 다툼, 갈등과 협조가 발생하는 것이 현 재의 디지털 영역이다. 왜 그럴까?

이유는 간단하다. 정보화 시대에는 디지털 이슈야말로 모든 국가의 핵심 국익과 직결되기 때문이다. 누군가는 현대사회의 정보를 일컬어 그 자체로 석유이자 쌀이며 반도체라고 했다. 지금은 정보가 국익의 핵심이고 국가 안보의 핵심이며 경제 활동의 핵심이기도 하다.

2020년 8월 6일, 호주와 싱가포르가 새로운 조약을 체결했는데 그 장면이 매우 흥미로웠다. 당시 코로나 사태로 인해 양국 대표가 온라인으로 만나 태블릿 PC에 조약을 서명하고 이를 화면에 보여주며 허공에 악수를 나눴다.

이처럼 코로나 사태는 디지털 이용을 더욱 촉진해서 국가의 핵심 중대사인 조약 체결마저도 온라인으로 마무리하는 상황이 되었다. 이때 체결한 호주와 싱가포르 간의 조약문은 호주, 싱가포르 정부 웹사이트에 올라 있으니 한번 찾아보길 바란다. 이 조약에서는 이전의 수많은 조약과는 다른 신기한 부분을 발견할 수 있다. 모든 조약은 마지막 부분에 조약 서명 날짜와 서명지가 나온다. 예를 들어 서명 날짜가 2022년 7월 5일이고, 서명지는 '서울, 대한민국'이라고 표기하는 것이다.

그런데 2020년 호주와 싱가포르 간 디지털 협정에서는 서명지가 두 군데로 표기되었다.[3] 싱가포르와 호주 캔버라가 함께 기술되었다. 한 장소에서 양국 대표가 직접 만나 서명하는 것이 고대 이래 수천 년간의 국가 실행이었는데, 너무도 당연했던 이 전제가 순식간에 무너진 것이다.

2020년부터 2022년까지 지난 3년간, 내가 참석했던 UN 회의들은 대부분 온라인으로 진행되었다. 사실 지금은 국제회의를 비롯한 모든 회의가 온라인 방식으로 이루어지는 게 자연스러워졌다. 여담이지만, 1997년 외교부에 근무할 때의 내 모습을 사진으로 보면 무척 열심히 일하던 시절이지만 책상에 컴퓨터가 없는 모습이 생소하다. 당연히 노트북 컴퓨터도, 스마트폰도 없다. 이런 것 없이도 업무 수행이 가능했다. 이것이 불과 27년 전 모습이다.

지금은 컴퓨터나 스마트폰, 태블릿 PC 없는 업무 환경을 상상할 수 없지만, 지금과 같은 업무·생활 환경이 구축된 것이 불과 30년도 안 된 일이다.

그러니 1648년을 기점으로 지금을 논한다는 것이 얼마나 많은 변화를 전제하는 일인지 짐작할 수 있을 것이다. 어찌 보면 1648년에 만들어진 체제가 2024년에 작동하고 있다는 것 자체가 신기할 따름이다. 지금 우리는 여러모로 대변혁의 시기, 대전환의 시점에 와 있다.

1986년, WTO의 등장

이제 1986년으로 한번 가보자. 이 해에 오늘날 국제사회 다자주의 체제의 핵심을 이루는 여러 요소 중 하나인 WTO 체제가 본격적으로 논의되기 시작했다. 우루과이라운드가 시작되어 WTO 체제의 기본틀이 만들어지고 이를 토대로 여러 국가의 경제·교역 활동을 규율하게 된 시점이 바로 1986년이다.

1986년은 불과 38년 전이지만 정말 옛날같이 느껴진다. 당시 최고로 흥행했던 영화는 신성일, 김지미 주연의 〈길소뜸〉이라는 영화인데, 전국적으로 35만 명 관객을 동원했다. 지금은 천만 관객 영화도 나오고 있지만 그때 35만 명은 어마어마한 수치였다. 그리고 1986년 최고 인기 가요는 조용필의 〈허공〉, 전영록의 〈내 사랑 울보〉로, BTS에 열광하는 지금 세대에겐 너무도 생소한 노래일 것이다.

1986년 《연합뉴스》 보도사진을 보면, "자동차 왕국에 자동차도 수출"이라는 제목이 선명하다. 당시 우리나라가 미국에 자동차를 수출한다는 사실에 모두가 흥분했던 기

한국 자동차의 미국 시장 진출을 전하는 1986년 《연합뉴스》 보도사진 ⓒ국가기록원

억이 새롭다.

그런데 지금은 어떠한가? 우리나라는 현재 세계 5대 자동차 수출국이다. 1986년 당시로서는 생각지도 못할 일이 벌어진 것이다. 그야말로 지난 38년간 우리 주변에서는 상전벽해의 변화가 이루어졌다. 예전에는 상상조차 하지 못했던 기술의 발전이 있었고, 동시에 우리의 일상생활도 급격하게 바뀌었다.

인류 역사에서 지난 오만 년과 5000년을 비교해보자. 다시 지난 5000년과 최근 500년을 비교해보고, 지난 500년과 최근 50년을 또 비교해보자. 그러고 나서 지난 50년과 최근 5년을 다시 비교해보자. 어떠한가? 인류 사회의 변화와 기술의 발전 속도가 비교할 수 없을 정도로 엄청나게 빨라지고 있음을 알 수 있다.

사실상 지난 38년간은 베스트팔렌 체제로 돌아가는 380년에 버금가는 세월 같다. 그리고 380년은 그 이전 3800년의 변화가 축소해서 나타난 것만 같다. 즉 1986년 이후 지난 38년간은 시간으로 치면 단지 38년에 불과하지만, 기술 발전이나 사회 변화로 치면 인류 역사상 유례없는 대변혁이 일어난 시기다.

앞으로 미국과 중국 간의 갈등, 미국과 러시아의 갈등, EU와 러시아의 갈등은 점점 더 커질 것이다. 그렇지 않아도 갈등이 커지는 구조인데, 시대의 변화 흐름이 빨라지면서 규범이 그 흐름을 쫓아가지 못하다 보니, 국제법과 현실 간의 빈틈은 더욱더 벌어지는 상황이다. 이 빈틈을 메우고자 국가들이 법률전쟁에 더 적극적으로 나서고 있다. 지난 38년간을 단지 피상적인 시간적 수치로만 볼 수 없는 이유다.

디지털의 상상은 현실이 된다

마이클 J. 폭스가 주연한 영화 〈백 투 더 퓨처 Back to the Future〉

2편이 개봉된 시기가 1989년 11월이다. 이 영화에는 등장인물들이 호버보드Hover Board를 타고 하늘을 나는 유명한 장면이 나오는데, 당시 영화를 보던 관객들의 뇌리에 이 장면이 강하게 남았다. 현실에서는 실현할 수 없는, 최첨단 SF 영화의 한 장면이고 만화 같은 설정이라고 생각했다.

그런데 유튜브에서 2021년 5월 영국 해병대의 훈련 영상을 보면, 실제로 군인들이 하늘을 나는 장면을 목격할 수 있다. 영화 〈백 투 더 퓨처〉에서 만화 같은 설정이라고 웃어넘겼던 일이 30여 년 만에 현실이 되어버린 것이다.

실로 지금 세상에서는 인간의 상상 속에만 있던 일들이 현실이 되고 있다. 지금 우리는 누구나 각자의 컴퓨터를 들고 다닌다. 현재 스마트폰의 기능은 한마디로 '멀티 태스킹' 그 자체다. 컴퓨터이자 TV, 계산기, 녹음기, 카메라, 시계, 건강 측정기, 내비게이터를 모두 합친 역할을 스마트폰이 하고 있지 않은가. 불과 몇십 년 전만 해도 상상 속에서만 가능했던 일이 현실이 된 것이다.

지금의 놀라운 기술 수준은 새로이 '섬'을 만들기도 한다. 단순히 하늘을 나는 정도가 아니라 한발 더 나아가서 국가적 차원에서 새로운 해상 영토를 만들기도 한다. 남중국해

스프래틀리 제도$^{Spratly\ Islands}$에서 중국이 조성한 인공섬이 그 것이다. 이 인공섬은 원래 조그마한 산호초 섬이었던 것을 여러 가지 콘크리트 보강 작업을 거쳐 조성한 것이다. 지금 이 섬에는 중국군이 배치되어 있다.[4]

그런데 굳이 섬을 왜 만들었을까? 해안선을 만들면 그 주위에 그 나라의 영해가 생긴다. 영해는 해안선에서 12해 리까지이므로 대략 22.2킬로미터다. 적지 않은 수역이다. 여기에다 24해리 접속 수역이 생기고, 또 200해리 배타적 경제 수역이 생긴다. 섬 하나를 만듦으로써 일정 구역 바다 의 주인이 되는 것이다. 그러니까 국가 입장에서는 기술만 뒷받침되면 어떻게든 섬을 만들고 싶을 것이다.

하지만 여기에도 법률전쟁이 적용되어, 현재 미국과 중 국은 큰 다툼을 벌이고 있다. 자연발생적인 섬이 진정한 섬 이지 새롭게 조성한 섬은 섬이라고 할 수 없다는 것이 미국 의 입장이다. 따라서 인공섬은 영해를 가질 수 없고 배타적 경제 수역도 가질 수 없다는 것이다. 반면 중국의 입장은 바다의 국제법 규범을 제시하는 UN 해양법 협약 어디에도 "인공섬은 섬이 아니다"라는 말이 없다는 것이다.[5]

기술이 발전하다 보니 현재 이런 일까지 벌어지고 있다.

예전 같으면 어찌 섬을 만드는 것을 상상이나 했겠는가. 1648년 체제에서 이는 아예 논의 대상도 아니었다. 그런데 이제는 기술 발달로 '불가능'이 '가능'으로 바뀌면서 여러 영역에서 규범의 다툼이 발생하고 있다.

점점 넓어지는 '디지털 무법지대'

지금 우리는 상상이 현실이 되는 디지털 시대의 한복판에 와 있다. 기술 발전의 속도가 워낙 빠르다 보니 조금만 오래된 기술도 아주 희미한 기억으로 남게 된다.

그중 하나가 팩시밀리라는 기계다. 젊은 세대에겐 생소하겠지만 팩시밀리는 1980년대 후반 우리 사회를 움직이던 최첨단 통신장비였다. 그때만 해도 모든 기업이 팩시밀리, 즉 팩스를 이용해서 외국과 연락했었는데, 지금은 가뭇없이 사라진 장치가 되었다.

그런데 팩시밀리가 흥행하던 시대에 만들어진 WTO 규범이 지금까지 운영되고 있으니, 아무래도 어색하다. 디지털 시대와 팩시밀리는 너무나 어울리지 않는 조합이다.

앞서 국가 중심의 1648년 체제가 현재와 어울리지 않는다고 했는데, 1986년 전후로 만들어진 규범에 따라 움직이는 오늘날 국가 경제 체제도 법률과 현실 간의 괴리를 보인다. 팩시밀리 시대에 만들어진 체제로 AI와 자율 주행 자동차로 대표되는 첨단 디지털 시대의 경제 활동을 규율하고자 하니 문제가 생긴다.

디지털 시대를 맞아 국가 간의 다툼도 날이 갈수록 커지고 있다. 미국은 러시아 측에 2020년 미 대통령 선거 과정 개입을 문제 삼으며, 사이버 공격을 중지할 것을 촉구하고 있다. 2022년 2월 러시아가 우크라이나를 무력 침공하기 전에 우크라이나 전산망을 먼저 교란했다는 보도도 있었다. 미·중 분쟁도 마찬가지다. 미국은 지금 디지털 체제에서 중국 기업 화웨이, SMIC, CATL, BYD 등을 어떻게 규제할 것인가를 고민하고 있다.

디지털 시대에는 장소가 문제되지 않는다. 지금 유튜브 방송이 대세인데, 유튜브 방송은 유튜브라는 미국 플랫폼을 통해서 전 세계 197개국의 시청자를 대상으로 한다. 그렇다면 여기에는 어느 나라 법이 적용되어야 할까? 유튜버가 한국 사람이면 한국 법이 적용될까? 어쨌든 미국 플랫폼을 사용하므로 미국 법이 적용될까? 아니면 각 시청자가 속한 나라의 법이 적용될까? 아니면 모두 다일까?

사실 이게 명확하지 않다. 국가마다 자기 나라 법이 적용된다고 할 것이다. 그래야 관할권이 생겨 세금도 거둘 수 있고 범죄자도 처벌할 수 있기 때문이다. 그래서 국가 간의 이해 다툼이 생기는 것이다.

과거에는 우리나라 물건을 팔려면, 예컨대 국경을 넘어 프랑스나 독일로 가야 했으니, 거기서 프랑스나 독일 법의 적용을 받는 것이 너무나 당연했다. 하지만 지금은 프랑스나 독일에 가지 않고도 얼마든지 물건을 팔 수 있고 서비스를 제공할 수 있다. 그러니 여기에 프랑스나 독일 법이 적용되는지, 그 상위 규범인 EU 체제의 법률이 적용되는지, 한국 법이 적용되는지, 아니면 한국과 EU 사이의 관계를 규율하는 상위 규범인 한-EU 자유무역협정이 적용되는지 등의 문제가 계속해서 제기될 수밖에 없다. 이 순간에 한국과 EU 간의 힘겨루기가 시작된다. 규범을 통한, 국제법에 기초한 힘겨루기다.

디지털,
국경의 정의를 묻다

수익은 한국에서, 세금은 싱가포르에서?

특히 국가 간에 입장이나 정책 방향이 서로 충돌할 때 법률 문제는 지극히 예민해진다. 예컨대 동일한 사안이 한국 법에는 합치하는데 독일 법에는 불합치하면 어떻게 될까? 이때 문제의 당사자는 처벌을 받게 될까? 한국과 독일은 여기에 어떻게 반응할까?

이게 디지털 시대에 기업들이 느끼는 문제의 본질이다. 정부도 마찬가지다. 어떤 식으로 규범을 적용하고, 어떻게 규제해야 하는지, 정부 차원에서도 명확하지 않은 부분이 많기 때문이다. 심지어 같은 국가 내에서도 부처끼리 정책 방향이 다른 경우도 빈번하다.

세금 부과가 대표적이다. IT 기업, 즉 인터넷으로 사업을 영위하는 기업에 대한 세금 부과 문제는 오랜 현안이다. 현재 우리 일상을 지배하는 유튜브, 구글, 넷플릭스, 아마존, 네이버, 카카오톡, 알리바바 등 IT 기업에 대한 세금 부과 문제는 정말 복잡하다. 이들 기업의 활동이 전형적인 영업 활동과는 거리가 있기 때문이다. 영토나 위치 변경 없이 얼마든지 돈을 벌 수 있으니, 이에 대한 세금 부과는 논란이 될 수밖에 없다.

예를 들어 우리나라에서 활동하는 유튜버는 우리 정부에만 세금을 내야 할 것 같지만, 미국은 받아들이지 않고 있다. 미국은 자기들에게도 과세권이 있다고 주장한다. 이처럼 과세권을 두고 여러 영역에서 디지털 문제로 인한 다툼이 이어지고 있다.

2021년에 구글이 한국에 법인세로 대략 130억 원 정도를 납부했다는 내용이 보도된 바 있다. 넷플릭스는 30억 원 정도 납부했다고 한다.[6] 실제 이 기업들의 한국 내 전체 활동 규모에 비하면 적은 금액이라는 평가가 적지 않다.

우리가 구글이나 넷플릭스를 얼마나 애용하는지를 생각해보자. 이 기업들이 우리나라에서 거두는 이익을 보면

이 정도의 세금은 일반인이 느끼는 체감 지수에는 미치지 못한다. 하지만 해당 IT 기업의 모국 입장은 다르다. 이 IT 기업들이 우리나라에 물적 시설을 보유하지 않았으므로 우리 정부에 세금 낼 이유가 없다는 것이다.

사정이 이렇다 보니 돈은 한국에서 버는데 세금은 싱가포르에 내고, 돈은 프랑스에서 버는데 세금은 아일랜드에 내며, 돈은 유럽에서 버는데 세금은 미국에 내는 어색한 상황이 연출된다. 왜 그럴까?

싱가포르와 아일랜드는 유난히 법인세가 낮은 나라다. 매년 조금씩 변동이 있지만 대략 우리나라 법인세가 24퍼센트라면, 싱가포르는 17퍼센트[7]이고, 아일랜드는 이보다도 훨씬 낮은 12.5퍼센트이다.[8] 그렇다 보니 IT 기업들이 유럽에서 활동하면서 엄청난 용량의 클라우드 서버는 아일랜드에 두고 있다. 그리고 이를 통해 유럽의 독일과 프랑스 사람들에게 콘텐츠를 제공한다. 마찬가지로 아시아 지역에서는 구글과 넷플릭스가 싱가포르에 클라우딩 서버를 두고 아시아 소비자들에게 콘텐츠와 영화, 드라마를 공급한다.

'구글세'로 첫발을 내딛다

세금 문제에서는 서버가 어디에 있는지가 중요하다. 서버를 두는 국가의 법인세 적용을 받기 때문이다. 디지털 시대에 국경 및 영토와 연관되어 유일하게 남은 최후의 연결고리가 바로 '서버'다. 그러니까 서버가 어디에 있는지가 기존의 전통적 국제 규범인 베스트팔렌 체제에서는 상당히 중요한 이슈가 될 수밖에 없다. 이것이 디지털 시대에도 영토와 연결되는 유일한 접촉점인 까닭이다.

그러니 사이버 공간에서 범죄를 저지르는 나쁜 사람들, 나쁜 기업들은 서버를 외국에 둔다. 서버를 외국에 두면 법적으로 한국 법이 아닌 그 나라 법의 적용을 받으니 쉽게 빠져나갈 수 있지 않을까 생각한 것이다. 범죄인들의 시각에서 국제법을 이해하고 악용하고 있는 셈이다.

이렇듯 서버에 기초해서 부과되는 세금에 워낙 문제의 소지가 많다 보니, 2020년에 드디어 OECD 회원국들 간에 디지털 세금인 일명 '구글세'에 대한 합의를 이루기도 했다.[9] 미중을 비롯해 무려 137개국이 이 합의에 참여했다. 그만큼 국가들 입장에서는 속이 탔다는 의미일 것이다.

구글이나 페이스북처럼 물리적인 사업장 없이 사업을

운영하는 기업에 세금을 부과하는 것이 구글세다. 2024년 1월부터 시행된 구글세 합의 내용을 보면, 관련 국가들끼리 합의해서 조금씩 손해 보면서 세금을 나누자는 것이다. 이처럼 일종의 타협책을 모색했다.

그러면 어떤 변화가 있을까? 이제 미국만 넷플릭스에 과세하는 게 아니라 넷플릭스가 활동하는 국가들, 예를 들면 한국이나 중국, 일본도 넷플릭스 매출액의 일정 부분에 대해 과세 권한을 갖게 된다.

이는 실로 획기적인 변화, 중대한 진전이 아닐 수 없다. 기존에 영토에 부착되었던 과세권, 나아가 영토 중심의 국가 주권, 더 나아가 400년이나 된 베스트팔렌 체제로부터 이제 서서히 멀어지는 첫걸음을 뗀 것이다.

이처럼 갈수록 영토와 연결되지 않은 아닌 활동이 더 중요해지고 있다. 영토가 아니라 어떻게 수익 창출이 이루어졌는지를 더욱 중요하게 보게 되었다. 국가 주권도 이제 영토와 떨어져서 적용되고, 심지어 그러한 주권을 서로 '분배'해서 행사하는 모델을 도입한 것이다.

마이클 잭슨이 쏘아 올린 세금의 공

다시 시간을 거슬러 올라가서 1990년대 후반으로 가보자. 1996년 10월 11일, 마이클 잭슨이 잠실 주경기장에서 내한 공연을 했다. 이 자리에 4만 명의 관객이 운집해 열광적으로 마이클 잭슨을 연호하며 환호했다. 마이클 잭슨은 성황리에 서울 공연을 마치고 돌아갔지만, 문제는 이후의 세금 문제였다. 이때의 세금 문제로 한국 정부와 마이클 잭슨 측은 몇 년간의 소송을 이어갔다.

마이클 잭슨은 서울에서 가진 이틀간의 공연으로 200만 달러, 지금 돈으로 16억 원를 적용한 수익을 창출했는데, 이에 대한 당시 세율 22퍼센트를 적용한 세금인 4억여 원을 우리 국세청에 내지 않았다. 그가 세금을 내지 않은 이유는 당시 한미 조세 조약에 의거한 것이다. 서울에 물적 시설이 있어야 세금을 낸다는 것이 조약 내용이었다.

그런데 이 세계적 톱 가수에게 서울에 물적 시설이 있을 리가 없다. 가수는 현란한 댄스와 뛰어난 가창력으로 노래를 하는데 물적 시설이 왜 필요하겠는가? 마이클 잭슨이 속한 미국 공연 기획사의 경우에도 서울에 물적 시설을 둘 이유가 없다. 일회성 공연으로 모든 것이 끝나기 때문이다.

물론 한국 공연 기획사에 소속된 한국 공연자가 미국에서 물적 시설 없이 공연만 하는 경우에도 마찬가지다. 예를 들어 이 당시 우리나라 가수가 뉴욕 카네기홀에서 공연만 하는 경우에는 미국 정부가 과세할 수 없었다.

그런데 당시 마이클 잭슨의 세금 문제가 논란이 되자 이후에 양국은 한미 조세 조약을 개정했다. 그래서 지금은 물적 시설이 없더라도 공연자는 무조건 세금을 내게 되어 있다. 한국에서 수익을 창출했으면 한국에 세금을 내야 한다는 생각이 반영되었다.

현재 논의되는 구글세는 여기에서 한발 더 나아간 것이다. 마이클 잭슨은 서울에 오기라도 했지만, 세계적 IT 기업들은 서울에 전혀 오지도 않고 돈을 벌기 때문이다. 이제 여기에 대해서도 우리 정부가 과세를 하기 시작했다. 마찬가지로 다른 나라도 우리나라 IT 기업에 이제 새로이 과세할 수 있게 되었다. 구글세 합의는 디지털 시대 국가 주권 행사의 첫 합의 모델이라는 점에서 중요하다.

무법지대에서 어떻게 살아남을 것인가

디지털 시대가 시작되었지만 사실 지금 우리 사회에는 규범이 없다. 대혼란의 시기라고도 할 수 있다. 언론에서 가끔 보여주는 신호등이 고장난 사거리 교통지옥의 현장은 디지털 규범 없이 서로 엉켜 있는 지금의 우리 모습을 상징하는 것만 같다.

국제사회도 마찬가지다. 디지털 체제에서는 국내와 국외의 구별이 없다. 모두가 혼란 상태다. 지금 미·중 분쟁의 핵심은, 어떻게 하면 자신이 혼란한 틈을 타서 앞으로 치고 나갈까 하는 것이다. 그래서 이들 두 국가는 자신에게 유리하도록 신호등을 만들고, 4차선, 8차선 도로를 새로 만들기 위해 노력하고 있다. 새로운 도로교통법도 만들고 있다. 디지털 분야에서 국제사회의 인프라를 자기들이 깔려고 하는 것이다.

지금 세계 각국이 그러하지만, 특히 미국과 중국 간의 다툼과 대결 양상이 두드러지고 있다. 미국이 주도하는 11개국 간의 인도·태평양 경제 프레임워크IPEF에서 디지털 경제가 큰 항목을 차지하는 것도 이를 배경으로 한다.

디지털 분야에서도 법률전쟁은 활발하게 전개되고 있다. 국가의 이익을 확보하고 미래 사회의 주도권을 잡기 위해 모두가 치열한 경쟁에 나서고 있다.

또한 미래 산업의 성패를 좌우할 주요 기업 간 경쟁도 법률전쟁을 중심으로 전개되고 있다. 정부 차원에서도 치열한 경쟁을 벌이고 있으며 기업들도 사활을 건 승부를 벌이고 있다. 각국 정부와 자국 기업의 상호 협력은 더욱 공고해지고 있다.

그래서 지금 여러 국가와 기업들이 다양한 전략과 논리를 만들고 있는데, 그 중심에 있는 것이 개인정보다. 개인정보가 왜 중요할까? 개인정보는 디지털 사회의 핵심이고 이에 따라 지금 법률전쟁의 중심에 서 있는 여러 키워드 중 하나이기 때문이다.

아이러니하게도 현대 사회에서 개인은 점점 더 소외감을 느끼며 살아간다. 가족이나 가까운 친구 몇몇을 제외하면 그 누구도 특별히 서로에게 개인적인 관심을 갖지 않는다. 그런데 정작 국가와 기업은 왜 개인정보를 그렇게 소중하게 생각할까? 국가 입장에서는 개인정보 하나하나가 국가 안보와 국가 산업의 핵심이기 때문이다. 그리고 기업 입장에서는 개인정보가 신사업 활동의 핵심이기에 더 많은 개인정보를 얻기 위해 노력하는 것은 당연하다.

영토 시대와 공존하는 사이버 시대

이처럼 디지털 시대에는 새로운 규범을 둘러싼 분쟁이 전개될 수밖에 없다. 그래서 개인정보뿐 아니라 여러 영역에서 새로운 규범의 도입과 이를 둘러싼 키플레이어들 간의 법률 전쟁이 이루어지고 있다. 전자상거래 관련 법률, 소비자 보호 관련 법률, 개인정보와 프라이버시 보호 관련 법률 등이 새로 마련되었다. 이들 국내법에 대한 다양한 역외 적용도 시도되고 있다.

예를 들어 오늘 서울에서 한국 국적자가 진행하는 유튜브 방송 내용이 미국 법에 어긋난다면 미국 정부가 해당 유튜버를 처벌하려고 할 것이다. 미국 법의 한국에 대한 적용, 즉 일종의 역외 적용이다. 한국의 다국적 기업이 EU 시민의 개인정보 보호를 제대로 하지 않으면 EU가 한국에 있는 한국 기업을 처벌하는 것도 국내법의 역외 적용이다.

디지털세 부과도 현재 구글세 합의로 일단락되긴 했지만, 앞으로도 끊임없이 문제가 불거질 것이다. 새로운 형태의 경제 활동과 이에 따른 분쟁, 디지털과 관련된 하드웨어·소프트웨어 개발 및 판매 경쟁 또한 치열해질 것이다. 여기서 하드웨어로는 반도체가 대표적이고, 소프트웨어는 개인정보·데이터, 특허권 등 여러 가지를 의미한다.

그리고 현재 벌어지고 있는 미·중 분쟁 대부분이 디지털과 관련된 것들이다. 화웨이 논란과 각종 사이버 공격이 그러한 예다.

이렇듯 새로운 분쟁이 급격히 늘어나는 혼돈의 시대에 우리는 살고 있다. 이러한 혼란의 양상은 사이버 시대의 특징이기도 하다. 사이버 세계에는 영토가 없으니 기존의 '영토부착형' 룰들이 혼란에 빠졌다. 이 와중에 새로운 분쟁이 늘어만 가는 것이다. 특히 코로나19 상황을 거치면서 사이버 시대는 더 급속하게 전개되고 있다.

그런데 아이러니하게도 코로나 국면이었던 지난 몇 년간 영토 개념이 갑자기 강화되는 일이 발생했다. 코로나19 바이러스 때문에 국경 통제가 심화되었고, 상품 수출입 통제도 강화되었으며, 이민 통제도 심해졌다. 이는 이율배반적인 일이 아닐 수 없는데, '방역'과 '차단'이 화두가 되면서 국제사회가 급격히 후진 기어를 넣으며 국경 우선주의인 베스트팔렌 체제로 돌아간 것이다.

방역 체제에서는 누구도 자국의 국경을 함부로 넘어오지 못한다는 점에서 베스트팔렌 체제가 여전히 강력한 힘을 발휘하고 있다. 다른 한편으로 코로나19 상황에서 급속히 확대된 사이버·디지털 경제 측면에서는 영토가 더 빨리 사라져버렸다. 정반대의 두 흐름이다.

이렇듯 영토의 시대와 사이버 시대가 공존하며 동시에 충돌하다 보니 국가 간 이해관계 대립은 더욱더 혼돈 상태에 빠지고 있다. 각각의 이슈에서 국가마다 자신의 단기적 이해관계를 반영하기 위해 새로운 논리를 확보하는 법률 전쟁은 더 활발하게 전개되는 모습이다.

이렇듯 우리는 지금 영토의 시대와 사이버 시대를 동시에 살고 있다. 내 땅과 남의 땅의 경계가 모호해진 시점에 오히려 내 땅을 지켜야 한다는 재미있는, 그러나 혼란스러운 이야기가 새롭게 쓰이고 있다. 두 가지가 양립하기 힘든 부분이 있음에도 기묘하게 공존하는 세상에 우리는 살고 있는 것이다.

해밀턴 항에서 있었던 일

혹시 해밀턴 항Port Hamilton이라고 들어보았는가? 역사 공부를 많이 하지 않고서는 알 수 없는 지명이다. 그런데 이름은 영어지만 사실 해밀턴항은 우리나라 '거문도'를 일컫는 말이다. 우리나라 섬에 뜬금없이 영어 지명이라니, 대체 어떻게 된 일일까?

1883년 조선과 영국은 조영수호통상조약을 체결했다. 이는 1882년 조선과 미국이 맺은 조미수호통상조약에 이어 조선이 개항정책을 펼친 후 서구 국가와 체결한 두 번째 통상 조약이다. 지난 2023년 11월 한영수교 140주년 행사가 영국 런던에서 성대하게 개최되기도 했다.

그럼 1880년대로 가보자. 지금 러시아-우크라이나 전쟁이 이어지고 있는 크림반도에서의 큰 전쟁 이후 서방 국가들과 러시아의 대결이 격화되었다. 서방 국가라고 하면 지금은 미국이 주도적 국가지만 당시에는 영국이 지금의 미국과 같은 위치에 있었다.

그 당시에는 영국과 러시아의 대립이 극심했는데, 특히 지금의 아프가니스탄에서 두 나라의 대립이 격화되었고, 영국은 아프가니스탄에 진출하려던 러시아 세력을 인도에 주둔하던 병력을 동원해 몰아내기에 이르렀다.

이후 두 나라 간의 충돌은 동아시아 지역으로 넘어왔다. 러시아가 1860년부터 블라디보스토크항을 개척하면서 연해주 쪽으로 많이 이동했다. 그래서 영국과 러시아가 극동 지역, 당시 조선의 동해 영역에서 충돌할 것이라는 우려와 예측이 국제사회에서 널리 퍼지고 있었다.

블라디보스토크항을 확보한 러시아가 지금의 원산, 영흥만 지역으로 넘어온다는 이야기가 돌자, 이에 긴장한 영국은 러시아를 막기 위해 적절한 항구를 확보해서 자국 함대를 주둔시켜야겠다는 생각을 한다.

그래서 영국이 1885년부터 1887년까지 2년에 걸쳐 거문도를 점령하고 거문도 이름을 '포트 해밀턴'이라고 지은 것이다. 이때 여기에 외국 자료에 등재된 포트 해밀턴 지명은 지금까지도 남아 있다.

당시 거문도에 상주한 영국 군인은 적을 때는 300명, 많을 때는 800명이었다고 한다. 작은 섬에 많은 군인이 주둔하다 보니 이때 저탄소도 건설했다.

저탄소란 석탄을 저장하는 창고를 말한다. 옛날 배는 석탄으로 움직였으니, 지금의 유류 보급처럼 석탄을 보급해야 영국 함대가 움직일 수 있었던 것이다. 당시 증기선인 군함을 움직이려면 석탄 저장소가 너무나 중요했다. 영국은 이를 통해 러시아와의 대결을 준비한 것이다.

거문도에는 지금도 당시 영국군 주둔의 흔적이 남아 있다.

영국군 묘지도 있으며, 그들이 즐겼던 테니스장도 있다.

'제2의 해밀턴 항'을 만들지 않기 위해

그런데 지금 왜 해밀턴 항 이야기를 하는 걸까? 당시 영국군은 거문도에 오자마자 제일 먼저 통신망 건설을 위해 해저 케이블을 부설했다. 상당수의 영국군이 주둔하고 있던 상하이까지 해저 케이블망으로 연결한 것이다.

그리하여 상해부터 홍콩, 홍콩에서 다시 싱가포르, 싱가포르에서 인도, 인도에서 영국 런던까지 해저 전신망을 완성했다는 사실이 기록으로 남아 있다. 요컨대 거문도에서 런던까지 통신망을 곧바로 연결한 것이다.

통신 체제의 활용과 이를 통한 연락망의 구성은 곧 그 국가의 국력을 나타낸다고 할 수 있다. 당시 영국은 세계를 주도하는 나라로 통신 체제를 갖추었지만, 정작 영토를 점령당한 조선은 연락망이 제대로 작동하지 않았다.

당시 조선은 처음에는 거문도가 점령당한 줄도 몰랐다. 거문도에서 서울로 당장 연락할 방법이 없었기 때문이다. 그러다 한 달이 지난 뒤 조선 정부는 영국으로부터 이 사실을 전달받은 청나라를 통해서 상황을 파악하게 된다.

거문도를 점령하자마자 전신망을 구축한 영국과 점령 사실 자체를 한 달 뒤에나 알게 된 당시 조선 정부의 상황은 극명하게 대비된다. 세계와의 소통 방법과 연락 체제를 구축하는 것이 국익 보호와 국력 강화에 중요한 부분을 차지한다는 점을 거문도 사건 전후 사정은 잘 보여준다.

그런데 지금은 어떠한가? 우리나라는 현재 전 세계에서 가장 통신망 구축이 잘된 나라에 속한다. 격세지감을 느끼지 않을 수 없다. 그래서 우리나라가 새로운 디지털 체제에서 지금처럼 앞서 나간다면 국제사회의 새로운 흐름을 주도할 수 있지 않을까 생각한다. 디지털 시대는 전 세계와 곧바로 연결되고 전 세계와 바로 소통하는 세상이다. 여기에서 앞서 나간다는 것은 전 세계 곳곳에 우리의 생각과 아이디어를 전파할 수 있는 수단과 인프라를 갖게 된다는 뜻이다. 국가적으로 중요한 작업이 아닐 수 없다.

바로 이러한 이유로 현재 세계 각국은 자국의 이익을 확대하기 위한 규범을 새로 만들고 있다. 비유하자면 신호등도 새로 만들고, 4차선 도로도 새로 만들며, 도로교통법도 자신들의 기획대로 도입하고 있다.

이러한 때에 우리는 무엇을 해야 할까? 어떻게 신호등을 만들어야 우리에게 유리한지, 좌회전 우회전 표시를 어떻게 해야 우리 기업에 유리한지 재빨리 간파하고 행동해야 한다.

데이터와 정보 활용 측면에서도 어떻게 해야 우리 국가 안보와 기업 정보, 우리 국민의 프라이버시를 좀 더 잘 보호할 수 있는지 고민하고 새로운 틀을 구축해야 한다.

지금이 바로 그 시점이다. 디지털 시대의 도래로 국가 간, 기업 간의 분쟁과 다툼이 활발해지면서 모두가 자신의 이익을 지키는 데 사활을 걸고 있다. 국제사회에서 다양한 법률전쟁이 치열한 상황이다. 지금이 바로 법률전쟁의 시각에서 적극적으로 우리 국익을 반영하는 작업을 계획해야 할 시점이다. 우리의 이익은 우리만이 지킬 수 있다. 디지털 시대는 더욱 그러하다. 모든 것이 순식간에 결정되기 때문이다.

급변하는 국제 질서를 빠르게 파악하
기 위해 어떻게 공부하는 게 좋을까?

기본적으로는 여러 언론의 국제 관련 뉴스와 기
사를 꾸준히 보는 것이 좋다. 뉴스를 단지 뉴스로
만 보지 말고 그것이 의미하는 바를 한번 머릿속
으로 따져보는 습관을 들이면 더욱 좋다. 현재 유
지되고 있는 국제법 체제인 베스트팔렌 체제나
새롭게 도래한 디지털 사회에서 오늘의 기사가
어떤 의미를 갖는지 스스로 탐구해보는 것이다.
또한 법률전쟁의 시각에서 다양한 국제 사건이

어떤 의미를 갖는지 법적, 규범적 측면에서 생각해보면 기사가 조금 달리 보일 것이다.

　다양한 기사를 접하고 난 뒤, 관심이 있는 분야의 국제기구 보고서 혹은 정부 보고서가 있다면 찾아 읽어보는 것도 좋은 방법이다. 요즘은 여러 보고서와 공식 자료들이 여러 정부와 주요 국제기구의 홈페이지에 공개되어 있는 경우가 많다. 국가들이 해당 주제에 대해 어떤 입장을 취하고 있는지, 국제 규범을 어떻게 형성해나가려고 하는지를 파악할 수 있는 유용한 자료가 될 것이다. 그리고 여러 나라의 영화를 통해 다양한 국가의 문화를 간접 체험하면서 새로운 관점을 가져보는 것도 좋은 방법이다. 이에 대한 유용한 정보가 많은 유튜브 시청도 빼놓을 수 없다.

디지털 체제에서 영토의 중요성이 줄어듦에 따라 작은 정부로의 전환을 말하는 사람들이 있다. 심지어 2050년에는

국가가 사라질 것이라고 말하는 미래
학자도 있는데 필자의 생각은 어떠한
가?

2050년을 예측해야 하니 어려운 질문인데, 어찌
보면 그럴 수도 있다고 생각한다. 1989년에 〈백
투 더 퓨처 2〉 영화를 보면서 허공을 나는 것이
영화적 상상이라고만 생각했는데, 불과 30년 만
에 그 상상이 현실화가 되었다. 그러니 지금부터
30년 후인 2050년이 어떤 세상이 될지 나도 참 궁
금하다. 2022년에 우리나라가 누리호 발사에 성
공했으니 2050년에는 화성으로 갈 수 있을지, 지
구 온난화를 이겨내서 모두가 잘 살아남을지, 더
가속화되는 디지털 체제는 어떻게 운영될지 여러
가지로 궁금하다.

작은 정부로의 전환도 가능할 것 같다. 예측
하기 힘든 문제이긴 한데, 지금 국제사회가 혼
돈에 빠지면서 오히려 국가나 정부에 대한 의존
도가 더 커지는 것 같다. 코로나19 같은 새로운

질병이 확산하면서 함께 살아남기 위해 각각의
국가 조직에 모두가 의존하다 보니 국가의 권한
이 오히려 커지는 것이다. 물론 이는 디지털 체제
와는 부합되지 않는 측면도 크다. 결국 시간이 지
나며 국가 중심적 디지털 체제가 강화되는 모습이
우리가 예상할 수 있는 2030년, 2040년의 모습이
아닐까 생각해본다. 디지털 체제이지만 국가의
권한과 역할은 더 커지는 현상이 가까운 미래가
아닐까 조심스럽게 전망한다.

사이버전에 AI나 메타버스가 사용될
수 있을까?

AI는 'Artificial Intelligence', 즉 인공지능의 줄
임말이다. 메타버스는 현실세계를 의미하는
'Universe'와 가공을 의미하는 'Meta'의 합성어
다. 우리말로 번역하면 '3차원 가상세계' 정도가
되겠다.

AI와 메타버스는 이미 우리 삶의 일부라 할 수 있다. 어렵고 위험한 작업을 도맡아 하는 인공지능을 생각해보자. 요즘에 '핫'한 자율 주행 자동차나 온라인 비서 빅스비와 시리, 오케이 구글도 모두 인공지능이다. 진화를 거듭하는 챗(Chat)GPT는 말할 것도 없다.

메타버스는 어떨까? 구글맵, 배달 앱, 인스타그램, 이 모든 게 메타버스다. 이 둘이 없는 일상은 이제는 상상도 할 수 없다. 그렇기 때문에 두 분야의 보안이 취약해지면, 엄청난 파장과 결과가 초래된다는 것도 예측 가능할 것이다.

AI는 공격 패턴을 만들어 자동화된 공격을 시행할 수도 있다. 즉 사람이 일일이 명령어를 입력하지 않아도, AI가 알아서 사이버 공격을 감행할 수 있는 것이다. 메타버스의 경우도 이와 비슷하다. 전문가들은 기술이 더 발전하면 가상공간에 있는 사이버 화폐들을 현실로 쉽게 가져올 수 있게 될 거라고 예측한다. 반대로 현실의 자산 역시 손쉽게 사이버 공간에 숨겨 놓을 수도 있을 것으로

본다. 그렇게 되면 해킹된 개인정보와 경제적 손실은 국가 안보에도 큰 위협을 가져올 것이다.

두 기술이 실제 국가 간 다툼과 전쟁에 사용되기 위해서는 앞으로도 많은 발전이 필요할지 모른다. 그렇지만 이제 그 기술적 가능성은 충분히 입증되었고 한 번 입을 피해의 규모는 막대할 것으로 예상되기 때문에 더 늦기 전에 적절한 국제법적 규제가 필요하다.

전쟁법을 사이버전에 적용해야 할까?
아니면 사이버 특성에 맞춰 새로운 규범을 찾아야 할까?

기술 발전은 새로운 기회를 제공함과 동시에 새로운 형태의 위협을 불러온다. 사이버 공간에서 일어나는 모든 일도 마찬가지다. 국가 또는 국가 요원이 국가의 이익을 위해 사이버 공간에서 타국을 공격하는 것을 사이버 전쟁이라고 한다.

그러나 사이버 공간만의 특징 때문에 현 국제 법상 전쟁법을 사이버전에 적용하기에는 무리가 있다. 가장 큰 차이점은 공간에 제약이 없다는 것 이다. 전 세계가 전장이 될 수도 있고, 반대로 전 쟁이 어디인지 불분명한 경우도 많다. 공격 시발 지점이 정확히 어디인지 추적하기도 힘들다. 공 격 행위자는 대부분의 경우 공격을 감행한 위치를 숨긴 채 공격을 개시하는 경우가 많기 때문이다.

또한 누구에게 책임 소재가 있는지 파악하기가 어렵다. 민간 기업 혹은 단체가 주도한 공격인지, 국가 혹은 정부가 민간인 뒤에 숨어 공격한 것인 지 불명확한 경우가 빈번하다. 기존의 전쟁법은 사이버 공격에도 어느 정도 적용될 수 있지만, 바 로 이런 이유로 적용이 어렵거나 불가능한 경우도 적지 않다.

사이버전은 총성 없는 전쟁이지만, 물리적인 전 쟁보다도 국가 안보에 더 큰 위험이 될 수 있다. 외 부 세력이 동해안의 원자력 발전소 시스템을 해킹 하여 방사능이 누출되었다고 가정해보자. 한국은 사이버 해킹으로 막대한 경제적 피해는 물론이고, 심각한 인명 피해까지 입게 될 것이다.

이런 일이 영화에나 나오는 일이라고 생각할지 모르지만, 실제로 현실화될 가능성이 있다. 2014년 북한과 연관된 것으로 추정되는 해킹 조직이 한국수력원자력을 해킹해 원전 설계도와 같은 기밀 자료가 유출된 적이 있다. 2007년에는 러시아 기반의 디도스 공격으로 에스토니아의 인터넷이 2주간 마비되기도 했다.

다양한 사이버 사건들로 인해 보안 분야와 법률 전문가들은 새로운 국제 규범의 필요성을 깨달았고, 이에 '탈린 매뉴얼Tallinn Manual in the International Law Applicable to Cyber Warfare'이 도입되었다. 탈린 매뉴얼은 사이버 공격과 전쟁에 대한 국제법적 가이드라인을 제공해준다. 이 매뉴얼은 사이버 공격이 무력 사용에 해당하는지, 해당한다면 자위권을 행사할 수 있는지, 어떤 경우에 국가에게 책임을 물을 수 있는지와 같은 핵심 질문에 대한 기본적인 지침을 제시한다.

그러나 탈린 매뉴얼에도 한계점이 있다. 바로 국제법적인 구속력이 없는 '지침'에 불과하다는 것이다. 뿐만 아니라 러시아와 중국은 탈린 매뉴얼이 서구 국가 중심으로 논의되었기에 사이버전에 이 매뉴얼을 적용할 수 없다고 주장한다. 이것이 국제사회의 합의를 담은 체계화된 문서라고 보기는 어려운 이유다.

앞으로 사이버 사건들에 대한 논의는 계속될 것이다. 사이버 공격도 이어질 것이다. 사이버 전쟁 분야의 새로운 규범 생성을 위해 국가들은 자국의 입장을 표명하면서 타국과 협력하는 지혜가 필요할 것이다.

3부

이제 세계는
극으로,

우주로
간다

이제 인류는 남극으로, 북극으로, 우주로 향한다. 그간 호기심의 대상이던 우주와 남극·북극이 바야흐로 인간의 새로운 활동 영역이 되었다. 이에 따라 여러 관련 국가 간에 새로운 다툼이 발생하고 있다. 이러한 다툼의 핵심은 여기에서 나타나는 새로운 경제적 가치와 이들 영역에 대한 권력을 누가 갖느냐는 것이다. 여기서 앞서는 국가가 앞으로 세계 경제와 질서를 좌지우지할 가능성이 크다. 미국, 중국, 일본, 인도, 러시아 등 여러 국가가 우주와 남극·북극에 눈독을 들이는 이유다. 우리나라 역시 부쩍 성장한 국력을 바탕으로 여기에 관심을 쏟고 있다. 이러한 경쟁을 담는 틀이 바로 법률전쟁, 규범전쟁이다. 활발하게 전개되는 국제사회의 새로운 움직임에 더욱 치열한 관심을 가져야 한다.

서가명강

서울대 가지 않아도 들을 수 있는 명강의 ○

* 서가명강 시리즈는 계속 출간됩니다.

NAVER 네이버와 ▶ 유튜브에서 서가명강 🔍 을 검색하세요.

인간다움
김기현 지음 | 값 19,800원

무엇이 우리를 인간답게 하는가!
인간다운 삶을 지탱하는 3가지 기준

문명의 형성에서 지금에 이르기까지, '인간다움'의 연대기를 추적하며 허공에 떠 있는 듯한 '인간다움'의 개념을 재정의한다. 우리를 인간답게 만드는 무수한 재료들 가운데 가장 핵심적이고 특별한 것이 무엇인지, 우리가 인간답고 존엄한 삶을 재정립하는데 어떻게 '인간다움'이 무기이자 축복이 되는지 알 수 있다.

나는 왜 꾸물거릴까?
이동귀, 손하림, 김서영, 이나희, 오현주 지음 | 값 18,000원

미루는 습관을 타파하는 성향별 맞춤 심리학
이동귀 교수가 알려주는 시작의 기술!

미루고 미루다 오늘도 벼락치기 한 사람이라면 주목! 꾸물거린다고 게으른 것이 아니다. 일을 미루는 것은 감정 조절의 문제다. 국내 최초 5가지 성향 분석을 통해 자책과 후회는 멈추고 내 안의 숨은 성장 동기를 끌어내보자.

어른이 되었어도 외로움에 익숙해지진 않아
마리사 프랑코 지음, 이종민 옮김 | 값 19,800원

우리 삶을 지탱하는 건 로맨스가 아닌 우정이다!

어른이 될수록 점점 더 외로워지는 이유는 무엇일까? 과잉 연결의 시대, 우정에 영향을 미치는 3가지 애착유형부터 관계를 단단하게 만드는 6가지 우정의 공식까지, 당신에게 가장 잘 어울리는 인생의 든든한 벗을 찾는 방법을 알려준다.

프레임
굿 라이프
최인철 지음 | 각 값 20,000원

서울대 행복연구센터장
최인철 교수가 전하는
나 그리고 내 삶을 바꾸는
심리학의 지혜

우리 아이 미래를 바꿀 대한민국 교육 키워드7

방종임 · 이만기 지음 | 값 22,000원

40만 학부모의 길잡이 '교육대기자 TV' 선정!
초중등 학부모가 알아야 할 핵심 트렌드

34년 만에 바뀌는 수능, 내신 5등급제 개편, 의대 정원 확대! 격동하는 교육 정책, 어떻게 따라가야 할까? NO.1 유튜브 채널 '교육대기자'와 대한민국 최고의 입시 전문가 이만기 소장이 알려주는 7가지 교육 키워드!

세상에서 가장 쉬운 본질육아

지나영 지음 | 값 18,800원

존스홉킨스 소아정신과
지나영 교수가 알려주는 궁극의 육아 원칙

육아의 본질에 대한 새로운 시각으로 부모의 삶을 반추해보고, 육아의 핵심인 '잠재력, 사랑과 보호, 가치, 마음자세'를 자녀에게 전달할 수 있는 실천법과 예시를 담았다. 부모는 홀가분한 마음으로 삶의 근본을 보여주고 아이는 더 단단해져 스스로의 삶을 개척하게 될 것이다.

메타인지 학습법 임포스터

리사 손 지음 | 각 값 18,000원

메타인지 심리학의 대가
리사 손 교수가
부모들에게 알려주는
좋은 생각의 길!

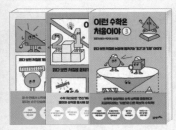

이런 수학은 처음이야 1~3

최영기 지음 | 각 값 15,800원

청소년 분야 베스트셀러!
서울대 수학교육과 교수의
10대를 위한 수학 강의

읽다 보면 저절로 개념이 잡히는
놀라운 이야기!

아름다운 세상이여, 그대는 어디에

샐리 루니 지음, 김희용 옮김 | 값 19,800원

"당신은 나에 대해 다 아는데,
나는 당신에 대해 아무것도 몰라."

전 세계 100만 부 판매 『노멀 피플』 샐리 루니의 최신작.
출간 즉시 〈뉴욕타임스〉·〈선데이타임스〉 베스트셀러 1위!
망가진 세상에서 어른이 되어 버린 그들이 선택한 사랑

호수 속의 여인

로라 립먼 지음, 박유진 옮김 | 값 19,800원

착실한 여자조차 사랑에 빠지면 실수를 범하기
마련이다. 그렇다고 죽어 마땅한 것은 아니다.

나탈리 포트만 주연 애플TV 오리지널 드라마화! 애드거상, 앤
서니상, 매커비티상 등 세계 유수의 문학상을 석권한 〈뉴욕타
임스〉 베스트셀러 작가 로라 립먼의 최신 화제작!

반지의 제왕 일러스트 특별판

J.R.R. 톨킨 지음 | 김보원, 김번, 이미애 옮김 | 값 230,000원

'반지의 제왕' 삼부작 전권을 한 권으로 집대성한
최고급 사철 양장 일러스트 특별판 출간!

20세기 판타지 문학의 걸작 『반지의 제왕』 새롭게 태어나다!
J.R.R. 톨킨이 직접 그린 삽화, 스케치 등 30여 컷 수록, 작품 속
인지명, 용어 등을 색인으로 총망라한 초호화 사양의 특별 소장
용 에디션

실마릴리온, 끝나지 않은 이야기, 가운데땅의 지도들 SET

J.R.R. 톨킨 외 지음 | 김보원 외 옮김 |
각 값 42,000원 | 68,000원 | 55,000원

J.R.R. 톨킨의 가운데땅 신화를 담은
본격 대서사시!

가운데땅의 모든 시대를 관통하는 풍성하고 깊이 있는 신화, 현
대 판타지 문학을 탄생시킨 최고의 고전이자 걸작인 톨킨 세계
관을 이루는 가장 핵심적인 이야기들을 담은 책.

새로운 세계,
새로운 패권

민간에게 열린 우주의 기회

최근 국제사회가 우주 분야에 집중하고 있는 이유는 무엇일까? 알 수 없는 무한한 저 먼 곳을 탐구하고자 하는 열망 때문일까? 혹시 영화 〈토이 스토리〉를 봤다면 "무한한 공간 저 너머로"라는 주인공 버즈 라이트이어의 대사를 떠올릴지 모른다. 달 탐사와 같은 역사적 경험, 그리고 여러 대중매체의 저작물이 보여주듯 인간은 언제나 미지의 세계에 대해 호기심을 가져왔다.

그러나 우주 분야에 대한 최근의 관심은 미지의 세계에 대한 호기심 해소 외에 다른 중요한 목적이 있다. 바로 엄청난 경제적 이익을 가져오는 우주 자원이다.

대표적인 우주 자원으로는 희토류와 헬륨3를 들 수 있다. 희토류는 영어로 'rare earth ingredients'라고 한다. 문자 그대로 '지구에 거의 없는 자원들'로 직역할 수 있는데, 지구에는 얼마 없는, 그런데 온갖 전자기기에 들어가는 중요한 광물이다. 헬륨3도 지구상에서는 극히 드문데, 에너지 생산 분야에서 중요한 역할을 하는 광물이다. 이제는 하나의 산업이 되어버린 우주 활동 분야에서 국가들은 막대한 자원을 선점하고 개발하기 위해 치열하게 경쟁하고 있다.

우주를 둘러싼 국가 간 경쟁의 역사는 냉전 시기 소련과 미국으로 거슬러 올라간다. 1957년 10월 소련은 세계 최초 인공위성인 스푸트닉Sputnik 1호를 발사했다. 소련의 성공적인 발사는 전 세계, 특히 냉전 시대 소련과 대립하던 미국에 큰 충격을 안겨주었다. 이에 미국은 소련에 앞서고자 전력을 다해 유인 우주선 개발에 몰두했고 결국 1969년 7월 아폴로 11호를 달에 착륙시켰다.

그 후 미·소 우주 경쟁은 이어졌다. 냉전이 종식된 지금도 국가들은 무궁무진한 가능성이 있는 우주 분야에 진출하기 위한 경쟁을 이어가고 있다. 이제는 미국, 러시아뿐 아니라 EU, 중국, 일본, 인도 등도 여기에 가세했다.

1990년대 초반 냉전 종식 이후 한때 우주 분야를 선도했던 미국은 중국의 급성장으로 이 분야에서도 리더 자리를 위협받고 있다. 중국이 우주 분야에서 미국을 빠르게 추격하고 있다. 중국은 '우주 굴기'를 내세워 연구 예산 투입과 민간 기업에 대한 투자를 적극 확대하고 러시아와 협력하며 우주 산업 분야를 발전시키고 있다.

이러한 중국 정부의 적극적인 노력에도 불구하고 중국 기업들은 우주 산업 확대에 적지 않은 어려움을 겪고 있다. 미국과 미국의 우방국들이 중국 정부는 물론이고, 중국 우주 기업들에 대한 투자와 이들과의 협업을 상당히 제한하고 있기 때문이다. 이는 우주 분야에서 선도적 지위에 올라서고자 하는 중국을 견제하려는 시도로 볼 수 있다.

한편 지금 전개되는 우주 산업 분야의 또 다른 중요한 특징은 우주 공간의 '상업화', 즉 민간 기업의 참여다. 민간 기업들이 우주 산업에 참여해서 수익을 창출한다. 일명 '뉴스페이스New Space'라고도 불리는 민간 차원의 우주 개발이 새로운 시대의 대세가 되었다.

2022년 속편이 개봉된 제임스 캐머런 감독의 〈아바타Avatar〉를 떠올려보자. 이 영화 속에서 민간 기업들은 지구

자원의 고갈로 판도라라는 행성에 찾아가 지구에 없는 희귀 광물을 채굴한다. 지구와 아주 멀리 떨어진 외계 행성에서 과연 나비족과 같은 외계인이 살고 있는지 지금으로선 알 수 없다. 그러나 정부가 아닌 민간인과 민간 기업 주도로 우주 자원을 찾아 돈벌이에 나서는 것은 더 이상 영화 속 얘기만은 아니다.

미국에서는 일론 머스크의 스페이스X를 비롯하여 다양한 기업이 우주 산업에 매진하고 있다. 블루 오리진Blue Origin, 버진 갤럭틱Virgin Galactic 등 여러 회사가 우주선 발사와 우주 여행 사업에 나서고 있다. 특히 소행성 채굴 스타트업 기업인 아스트로포지AstroForge는 2025년까지 소행성 광물을 채굴한 후 지구로 돌아오는 것을 목표로 개발에 나서고 있기도 하다. 심지어 늘어나는 우주 쓰레기를 정리하는 민간 기업도 등장했다.

중국에서는 중국판 스페이스X를 꿈꾸는 아이스페이스ispace를 비롯해 갤럭틱 에너지Galactic Energy, 오리진 스페이스Origin Space와 같은 많은 민간 기업이 우주 산업에 뛰어들고 있다. 그중 오리진 스페이스는 설립 목적 자체가 우주 광물 자원 채굴이다.

한국에서도 이제 정부와 민간 기업이 협업하는 형태로 우주 산업을 발전시키고자 시동을 걸고 있다. 2022년 성공적으로 마무리된 누리호 발사 과정과 관련된 기술을 여러 심사 과정을 거쳐 민간 기업에 순차적으로 넘기고자 계획하고 있다. 이들 민간 기업들은 이제 한국형 뉴 스페이스 사업에 본격적으로 나서게 된다. 우주는 이제 우리나라에게도 새로운 산업이 되었다.

극 지방을 둘러싼 미묘한 기류

온 세상이 눈과 얼음으로 덮여 있는 남극과 북극은 어떨까? 두 극 지방에 대한 이야기는 고대 시대로 거슬러 올라갈 정도로 오래되었지만 인간 탐험의 역사는 그리 오래되지 않았다. 북극과 남극은 둘 다 얼음 왕국이지만 법적으로는 큰 차이가 있다. 북극은 바다이지만 남극은 대륙이다. 그래서 북극에는 바다의 규범인 국제해양법이 적용되는 반면, 남극은 거대한 땅덩어리로 각국의 영토 획득 각축장이 된다.

미지의 영역이던 남극과 북극으로 가는 길이 서서히 열리자 세계 각국의 관심도 높아지고 있다. 두 가지 이유다.

인간의 기술이 획기적으로 발전하여 극지에서 거주와 생활이 가능하게 되었다. 이에 더해 지구 온난화 등 예상치 못한 상황의 전개는 극지의 험난함이 점차 무디어지는 예상치 못한 결과를 초래했다. 이제 남극이나 북극에서도 한번 살아 보거나 활동할 수 있게 된 것이다.

이에 더해 이들 극지는 거대한 자원의 보고다. 사람이 살 수 있게 되고 자원도 상당히 묻혀 있다는 점을 알게 된 국가들이 가만히 있을 리 없다. 이들이 다양한 경쟁에 나서게 된 것은 당연하다.

먼저 남극에 대해서는 1959년 남극 조약을 체결해 모든 국가가 영토 및 영유권 주장을 일단은 접어두도록 하는 합의에 도달했다. 누구 땅인지 일단은 가리지 말고 사이좋게 연구 및 탐사 활동에 함께 나서기로 한 것이다. 우리나라 역시 남극 조약에 가입한 이후 세종기지를 건설하고 지금 활발하게 남극 탐사 활동을 하고 있다.

앞으로 남극 대륙이 계속 국제 공유지로 남을지 아니면 어떻게든 분할될지는 아무도 모른다. 다만 지금은 국가들이 서로 영유권 주장을 내세우지 않기로 합의했다. 일종의 타임아웃을 선언한 것이다. 앞으로 남극 자원 활용에 획기적인 변화가 일어난다면 이러한 국제적 합의가 어떻게 바뀔지 두고 봐야 할 것이다.

그런데 북극의 경우는 다르다. 북극은 바다인데 바다에는 이미 강력한 규범이 자리 잡고 있기 때문이다. 바로 국제해양법이고, 이를 담고 있는 것이 1982년 UN 해양법협약UN Convention on the Law of the Sea이다. 이는 세계 대부분의 국가가 가입한 협약이다.

그동안에는 북극에 대해서는 거의 관심이 없었다. 북극은 어차피 얼음덩어리인지라 바다로서의 가치가 없었기 때문이다. 배를 타고 지나갈 수도, 자원을 캘 수도 없는 바다인데 누가 관심을 기울이겠는가? 심지어 남극처럼 땅덩어리도 아니니 소유의 대상도 아니었다.

그러나 이 모든 것이 이제 바뀌었다. 지구 온난화로 얼음이 녹으며 뱃길과 자원탐사의 문이 열리고 있기 때문이다. 전에 없었던 항로가 생기고 빙하 저 밑에 묻힌 자원들이 손에 닿을 만한 위치로 다가오게 되었다. 국가들에게는 새로운 세상이 열린 것과 다름없다.

새로운 기운이 감지되자 북극해 연안 국가들이 먼저 발빠르게 나섰다. 미국, 러시아, 캐나다 노르웨이 등 북극해 연안 8개국들은 '북극 이사회'를 설립하여 북극과 관련된 사안에 대해 협력하고 논의하는 국제 회의체를 만들었다.[1] 이미 국제해양법이 강력하게 자리 잡고 있어서 여기에 반하는 독단적인 합의를 하기에는 눈치가 보이니, 조약이 아닌 '협의체'를 만들고, 새로운 '합의'를 도출하는 것이 아니라 '논의'의 장으로 한 단계 누그러뜨렸다.

그러나 이들의 속내는 뻔하다. 북극해에서 자신들의 이해관계를 지키는 것이다. 다행인 것은 8개국 이외의 여타 국가에게도 옵서버 국가로 논의에 참여하도록 허용하고 있다는 점이다. 옵서버 국가들은 의결권은 없고 논의에 참석하고 의견만 제시한다. 세계 6위의 교역국으로 북극 항로에 중요한 이해관계를 갖고 있는 우리나라도 북극 이사회에 옵서버로 참석하고 있다.[2]

아직은 북극해 항행과 활용을 둘러싼 국가 간 다툼이 본격적으로 표면화되지는 않았다. 그러나 기술의 발전과 지구 온난화의 진전으로 북극해의 경제적 가치가 점차 올라가고 있어 머지않아 첨예한 다툼이 전개될 것으로 전망된다.

특히 이 지역이 군사적으로도 유의미한 지정학적 가치를 지니고 있어 국가 간 경쟁은 한층 치열해질 것이다. 우크라이나 전쟁으로 촉발된 신냉전 시대의 도래로 미국·유럽과 러시아 간 갈등이 고조되고 있는 지금, 이들 모두 동시에 북극해를 둘러싸고 있어 이들 간의 군사적 긴장은 자연스레 북극에도 번질 것이다.

북극으로 전진하는 중국의 야욕

여기에서 하나 주목할 것은 중국의 활동이다. 중국은 북극해 연안국도, 북극 이사회의 이사국도 아니다. 중국은 북극 이사회에서 옵서버 지위를 갖고 있으나 이에 더해 스스로를 '북극에 가까운 나라'로 자리매김하며 이 지역에서 영향력을 확대하고 있다. 북극에 탐험대를 파견하고, 빙하 위 실크로드를 만들어 새로운 항로를 개척할 계획도 구상하고 있다. 북극해 인근에서의 주도적 지위 확보가 미·중 경쟁에 나서고 있는 중국에게 경제적으로는 물론 군사적으로도 중요하기 때문이다.

우리나라 역시 노르웨이 영토인 북극해 인근 지역에 다산과학기지를 설립하여 북극에 관한 연구를 이어나가고 있다. 여기에서는 과학 기술 개발 활동과 함께 기후변화 대응 정책에 대한 분석도 아울러 이루어지고 있다.

우리 조선 기업들은 오랜 기간 세계 시장에서 1위를 유지하고 있다. 이러한 기술적 우위를 활용해 최근 우리 조선 기업들은 얼음을 깨며 항해하는 쇄빙선에 대한 투자도 늘리고 있다. 기후변화로 인한 항로 확대에 발맞추어 뛰어난 성능의 쇄빙선에 대한 수요도 계속 늘어나고 있다. 조선 산업의 강자인 우리에게도 새로운 기회다.

극과 우주, 규범의 주전장

그간 모험과 탐험의 장이었던 우주와 북극, 남극이 이제는 인간 활동의 대상과 상업적 이용의 장이 되고 있다. 이에 따라 국가 간 경쟁 그리고 기업 간의 줄다리기도 치열하다. 그런데 이들 활동과 경쟁을 규율할 규범은 거의 찾아보기 어렵다. 엄밀히 말하면, 규범이 있지만 그 규범은 이러한 상황을 생각해보지 못한, 과거에 만든 옷이다. 이제 국가들이 이에 대한 불만과 도전을 쏟아 내고 있다. 새로운 체형에 맞는 새로운 옷이 필요한 시점이 되었다. 이를 위한 국제사회의 요구도 커져가고 있다.

이제 혼돈을 잠재울 새로운 규범 설정이 필요한 시기다. 일단 기존 규범은 그대로 적용되고 있으니 이 틀 내에서 여러 국가는 각자의 이해관계를 위해 경쟁하고, 나아가 새로운 규범을 만드는 과정에서 자신들에게 유리한 룰을 만들기 위해 힘겨루기를 하고 있다. 규범을 둘러싼 경쟁이 현재 규범과 미래 규범이라는 두 개의 전선에서 동시다발적으로 진행되고 있는 것이다. 국가 간 규범전쟁, 법률전쟁의 현장이라고 할 수 있다.

다시 시작된 우주 경쟁

지구 로봇, 화성에 가다

이제 우주로 떠나보자. 지금 우주에서 어떤 활동이 일어나고 있는지, 여기서 신냉전 체제나 국가 간의 경쟁이 어떻게 펼쳐지고 있는지 살펴보자.

먼저 몇 가지 영어 단어의 뜻을 알아보자. 첫 번째 단어는 'Perseverance(퍼시비어런스)', 우리말로 '인내, 인내심'이라는 뜻이다. 두 번째 단어는 'Ingenuity(인제뉴어티)', '기발한 재주, 뛰어난 재주, 재주 있는 사람'을 뜻한다. 세 번째 단어는 'Curiosity(큐리오시티)'로 '호기심'이라는 뜻임을 많이들 알 것이다. 곧바로 이 단어들의 뜻을 맞힌다면 영어 실력이 상당한 사람들이다. 일상에서 흔히 쓰는 단어가 아니라 어느 정도 전문적인 서적에서 사용되는 용어들이기 때문이다.

그렇다면 이들 세 단어의 공통점은 무엇일까? 모두 화성 탐사 로봇들의 이름이다. 이들은 모두 대표적인 화성 탐사 로봇 삼인방이다. 퍼시비어런스와 큐리오시티는 화성을 구석구석 탐사하는 승용차만 한 크기의 이동형 탐사 로봇이다.

화성 탐사 로봇 큐리오시티는 2011년에, 퍼시비어런스는 2020년에 각각 화성에 도착해서 임무를 열심히 수행하고 있다. 이들의 활약상은 가끔 뉴스에도 등장하는데, 최근에는 화성에서 플라스틱 쓰레기를 발견했다는 기사가 실리기도 했다.

인제뉴어티는 여러 화상 탐사 활동을 하는 무인 헬기인데, 퍼시비어런스가 가기 어려운 절벽이나 협곡 등을 탐사한다. 이들의 활약으로 이제 화성은 지구로부터 그리 먼 곳이 아닌 것으로 느껴지게 되었다. 최근 보도를 보면 화성에서 물의 흔적을 발견했다고 한다. 그렇다면 혹시나 생명체가 있지 않나 싶어 지금도 열심히 탐사하고 있다. 영화 속 화성에서 이제 우리 활동 반경에 들어온 화성이 되었다.

마침내 열린 대우주 시대

1977년에 발사된 보이저 1, 2호에 탑재된 금속 디스크에는 지구의 중요한 영상 정보, 주요 장면, 사진, 위치 등의 다양한 정보가 담겨 있다. 여기에는 지구상에 있는 60개 언어의 정보도 들어 있고, 그중에는 한국어 인사말도 있다고 한다.

그런데 이 디스크는 왜 만들어졌을까? 훗날 저 먼 우주에서 외계인이 보이저 1, 2호를 발견하고 여기에서 지구 정보를 해독하게 되면, 언젠가는 우리를 찾아오지 않을까 하는 기대와 희망으로 만들어 보낸 것이다.

보이저 1, 2호는 지금도 날고 있다. 이제 태양계를 벗어나 항성과 항성 사이 공간인 성간우주星間宇宙를 항행하고 있다는데, 조만간 배터리가 소진되어 교신이 끊어지고 우주를 정처 없이 날아다니는 상황에 처한다고 한다.

이렇듯 지금은 우주 시대다. 우주와의 접촉을 시도한 것이 벌써 47년 전 일이고, 화성 탐사를 시작한 지도 벌써 10여 년이 지났다. 우리가 전혀 알지 못하던 사이에 우주로의 진출은 서서히 진전되고 있었다.

여기에는 대한민국도 예외가 아니다. 우리나라도 2022년 6월 누리호를 발사했고, 8월에 다누리호 발사에 성공하면서, 독자 기술로 인공위성을 쏘아 올린 세계 일곱 번째 국가가 되었다. 이로써 우주 영역에서 앞서가는 국가들, 예컨대 미국과 러시아, 중국, 일본, 인도 등과 우주 산업에서 당당히 경쟁하게 되었다.

그런데 우주 활동이라고 하면 아직도 막연하게 느껴진다. 보이저 1, 2호만 하더라도 지금의 속도로 날아가면 가장 가까운 다음 항성으로 가는 시간이 1만 6700년이라고 하니, 우리 후손의 후손의 후손의 까마득한 후손이 결과를 보는 일이다. 그래서 우주와 우주 활동은 지금의 우리와는 거리가 있는 먼 미래, 그리고 전문 과학자들의 영역이라고 생각하기 쉽다.

하지만 바야흐로 우주 자체가 하나의 새로운 산업 영역으로 등장했다. 우주에서 어떤 산업적 가치를 만들 수 있을지, 인간 생활을 지원하기 위해 어떻게 활용할 수 있을지를 두고 경쟁하는 환경이 조성되고 있다. 먼 우주로 나아가고 미지의 세계로 진출하는 것은 미래의 일이나, 지구 주변의 가까운 우주를 개발하고 활용하는 것은 눈앞에 다가왔다.

대한민국, 우주 산업에 출사표를 던지다

우리나라가 누리호와 다누리호를 발사한 것은 우주 산업이라는 새로운 영역에 본격적으로 도전장을 내민 중요한 첫걸음이다. 그간 우주가 호기심과 탐사의 대상이었다면 이제는 산업의 영역이다. 그래서 당장 우리에게 영향을 초래하는 국가 간의 규범 경쟁, 우주 산업 지원, 그리고 우주 활동 과정에서 어떤 식으로 우리나라의 이해관계를 반영하고 또 확보할 것인지가 지금 전개되는 우주 산업 논의의 핵심이다.

우주에서의 새로운 인간 활동과 자원 개발은 점점 가시권에 들어오고 있다. 이제 로켓 발사도 하나의 산업이 되었고, 우주 관광도 첫발을 뗐다. 자율주행 자동차 등 디지털 사회를 움직일 6세대 이동통신망[6G] 구축도 인공위성과의 원활한 연결에 성패가 달려 있는 상황이다.

현재까지의 조사에 따르면, 전자 장비에 들어가는 중요한 광물인 희토류가 달에 엄청나게 매장되어 있다고 한다. 화성에는 이런 희토류가 더 많이 매장되어 있을 가능성이 크다.[3] 또한 에너지원으로 활용 가능한 천연자원 헬륨3도 달에 상당 부분 매장되어 있다고 한다. 누구든 이것을 채굴해 활용한다면 아마 엄청난 경제적 부를 창출할 것이다.

그러다 보니 국가 간 경쟁과 다툼이 생길 수밖에 없다. 우주 탐사는 단순히 미지의 세계로의 진출이나 상상 속 우주여행 차원의 문제가 아니라 국가 경제와 관련된 어마어마한 프로젝트다. 이와 같은 맥락에서 누리호와 다누리호 발사의 성공은 중요한 의미를 갖는 것이다.

우리나라는 사실 세계적으로 신 산업 분야 잠재력이 막강한 나라다. 자동차 산업에서 아무것도 없는 상태에서 몇십 년 만에 세계 5대 자동차 강국이 되지 않았나. 또한 조선 분야에서도 오랜 기간 1위 자리를 지키고 있지 않은가. 반도체 분야도 세계 핵심 강국 중 하나다. 우주 산업에서도 지금과 같은 경쟁 속도를 유지한다면 분명 머지않은 장래에 눈에 띄는 성과가 있을 것이다.

우주를 규정하는 5대 조약

우주 활동에서의 규범을 한번 살펴보자. 국제사회에서 국가들끼리 서로 지키기로 약속한 법적 규범을 '조약'이라고 하는데, 이미 우주 활동을 규율하는 5대 조약이 마련되어 있다. 이 조약을 누가 언제 만들었을까? 지금은 많은 나라가 우주 산업에 관심을 갖고 있지만 초창기에 우주를 향한 열정을 불태운 나라는 미국과 소련밖에 없었다. 그렇다 보니 미국과 소련(지금의 러시아)이 우주 활동을 시작하던 시점에 당시 국제사회 분위기와 기술 개발 여건을 고려해서 만들어진 것이 지금의 우주 조약들이다.

첫 번째 '우주 조약'[4]은 1967년에 만들어졌으며, 이후 1968년에 '구조협정'[5]이 체결되었고, 1972년에는 '책임협약'[6], 1975년에 '등록협약'[7], 그리고 1979년에 '달조약'[8]이 만들어졌다. 이 중 가장 중요한 조약은 역시 우주 활동을 규율하는 기본 조약인 첫 번째 체결된 '우주 조약'이다. 이는 우리나라의 누리호, 다누리호를 포함해서 여러 국가의 우주 활동 전반을 규율하는 핵심 조약이다.

1967년 우주 조약의 주요 원칙은 크게 두 가지로 나누어 볼 수 있다. 첫째, 국가가 우주를 소유하지 못한다는 것. 즉 한 국가가 아무리 화성에 빨리 도착할지라도 그곳을 자신의 땅으로 만들 수 없다는 점을 명시한 것이다. 그리고 두 번째는 우주에서는 군사 활동을 하지 못한다는 것, 즉 우주는 평화적으로만 이용되어야 한다는 것이다.

이 두 가지 원칙이 우주 조약을 비롯한 우주 규율 5대 조약의 핵심이다. 이 핵심 원칙을 기반으로 하는 우주 규율 체제는 지금까지 유지되고 있다.

보이는 것보다 가까이 있는 우주

우주 산업이나 우주 규율을 이해하기 전에 우리가 기본적으로 알아야 할 것이 있다. 그건 바로 우주 그 자체다. 나로호가 발사된 우리나라 전남 고흥 나로우주센터 근방에는 웬만한 가게 이름에 전부 '우주'가 들어 있는 것을 볼 수 있다. 우주 떡방앗간, 우주 당구장 등 모두가 우주라는 이름을 쓰고 있는데, 대체 우주란 무엇인가?

지금 우리 머리 위에 있는 하늘은 법적으로 크게 둘로 나뉜다. 하나는 '영공air space'으로, 대한민국의 하늘을 뜻한다. 그리고 다른 하나가 '우주outer space'다. 우주는 외기권이라고도 한다. 영공 밖이라는 뜻이다. 그런데 영공과 우주 사이에는 중간 완충지대가 없다. 법적으로는 영공 아니면 우주, 딱 두 가지뿐이다.

반면 바다는 어떠한가? 바다에는 영해가 있고, 공해까지 가기 전에 접속 수역, 배타적 경제수역 등 연안국의 주권적 권리와 다른 나라의 통항 자유가 공존하는 여러 형태의 중간 지대가 있다. 그런데 하늘은 바다와 달리 아무런 중간 지대 없이 영공을 넘어서면 곧바로 우주가 된다. 간단한 구조다.

그럼 영공과 우주의 경계는 무엇일까? 이에 대해서는 여러 가지 학설이 있는데, 가장 대표적인 기준이 공기의 유무다. 여기서 말하는 공기는 비행기가 날 수 있을 정도의 공기다. 즉 국가가 항공기를 동원해 규율 활동을 할 수 있을 정도의 공기를 말한다.

비행기가 날려면 양력이 필요하고 양력은 상당한 양의 공기를 필요로 한다. 우리가 해외여행할 때 타고 다니는 민간 항공기의 비행 높이가 지상에서 대략 10킬로미터 정도다. 그리고 고고도 정찰기의 비행 높이가 대략 20킬로미터에서 25킬로미터 정도다. '블랙 버드'라고 불리는 SR-71 또는 U-2기 같은 고고도 정찰기는 희박한 공기 속을 날 수 있는 특별한 비행기로, 날개가 크고 길다. 최근에는 기술 발달로 이 특수 비행기들이 지상에서 30킬로미터 정도까지 날 수 있다고 하는데, 그렇다면 현재 최대 비행 높이는 지상으로부터 30킬로미터라고 할 수 있을 것이다.

과학적으로 공기는 성층권stratosphere까지 존재한다고 설명한다. 성층권은 지상에서 대략 10킬로미터에서 50킬로미터 사이에 위치한다. 그래서 크게 보면 공기가 있는 성층권까지를 '영공'이라고 볼 수 있다. 설령 비행기가 날 수 없더라도 하부 국가의 입장을 호의적으로 반영해 공기가 존재하는 성층권을 영공으로 보는 것이다.

영공은 각국의 주권이 미치는 하늘이다. 국제법상 한 국가의 영역은 영토, 영해 그리고 영공으로 구성된다. 영토 바깥쪽 바다 12해리가 영해로, 대략 해안선에서 23킬로미터쯤 된다. 그리고 영토와 영해에서 수직으로 올라가며 포함되는 하늘이 영공이다. 이렇게 수직으로 올라가는 높이가 지상에서 50킬로미터 정도 된다는 뜻이다. 그리고 이 영공을 넘어서는 곳이 바로 우주다. 그러고 보면 우주는 생각보다 우리와 가까이 있다. 지상에서 50킬로미터 이원의 광활한 무한대의 영역이 바로 우주가 되는 것이다.

지상에서 50킬로미터가 어느 정도의 높이인지 보여주는 시각적인 자료가 있다. 2012년에 오스트리아의 극한 스포츠 선수 펠릭스 바움가르트너가 '레드 불' 회사가 지원하는 극한 스포츠extreme sports 지원 프로그램인 '레드 불 챌린지Red Bull Challenge'에서 인류 최초 성층권 낙하에 도전했다. 그는 헬륨 기구를 타고 지상에서 지상 40킬로미터를 올라가 우주복과 산소마스크를 착용한 상태로 낙하산을 타고 지상으로 자유 낙하하는 데 성공했다.[9]

유튜브에 올라와 있는 그의 자유 낙하 동영상을 보면 헬멧에 부착된 카메라 앵글이 바깥쪽을 비출 때 지구의 모습이 전부 드러나는 것을 볼 수 있다. 그리고 서서히 지상으로 내려오는 모습도 보인다.

기구를 타고 올라간 곳이 지상 40킬로미터면, 여기서 조금만 더 올라가면 영공의 끝이자 우주의 시작 지점인 지상 50킬로미터다. 이 영상을 보면 우주가 안드로메다 성운과 같이 멀고 먼 지점뿐 아니라 우리가 쉽사리 도달할 수 있는 곳에 생각보다 가까이 있다는 사실을 알 수 있다.

이처럼 우주가 생각보다 우리에게 가까이 위치한다는 점은 법적인 측면에서 우주를 이해하는 데 있어 아주 중요하다. 특히 우주를 경제적 가치가 있는 영역으로, 그리고 민간 기업이 진출하는 영역으로, 나아가 국가의 관할권이 미치지 않는 영역으로 파악할 때 우주가 이렇게 가깝다는 것은 여러모로 우리에게 생각할 거리를 제시하고 있다.

전에 없던 우주 공간, '뉴 스페이스'

펠릭스 바움가르트너의 자유 낙하 동영상을 보면 그의 낙하산에 음료수 로고 마크가 찍힌 것을 볼 수 있다. 즉 그의 낙하 기획은 정부가 아닌 민간 차원에서 벌인 일이다. 최근 우주 활동의 가장 큰 특징이 민간 참여와 민간 주도다. 이와 같은 민간 주도 우주 개발을 일컫는 말이 바로 '뉴 스페이스New Space'다. 현재 뉴 스페이스의 대표적 인물은 일론 머스크로, 2002년 일론 머스크가 설립한 우주탐사기업 '스페이스X'는 웬만한 국가의 우주 관련 정부 기관에 버금가는 다양한 활동을 하고 있다.

얼마 전까지만 해도 우주는 국가 및 정부의 독점 영역, 그것도 몇몇 나라의 전유물이었다면, 지금은 정부 주도의 우주 개발이 민간 부문으로 급속히 옮겨가고 있다. 스페이스X, 블루 오리진, 버진 갤럭틱, 오비털 사이언스Orbital Science 등 민간 우주 회사들은 이제 우리에게도 낯설지 않다. 우리나라 다누리호 발사도 일론 머스크가 설립한 스페이스X의 '팰컨 9'이라는 재활용 로켓으로 이루어졌다. 우리도 뉴 스페이스 흐름에 이미 올라탄 형국이다.

그런데 민간인들은 왜 우주에 가는 걸까? 개인의 호기심 때문일까? 남들이 가보지 않은 곳은 한번 가보고 싶어하는 마음 때문일까? 호기심이나 관광 차원의 목적도 없지는 않겠지만, 본질적으로는 우주의 경제적 가치가 상당하기 때문이다. 위성을 재활용해서 우주 관광 산업에 진출하면 화성 탐사 등으로 엄청난 경제적 부를 창출할 수 있다. 그래서 민간 기업들이 이제 작심하고 우주로 진출하고 있다.

따라서 국가 주도 탐사 중심의 기존 규범을 재검토하고 민간 주도의 산업형 우주 활동을 어떻게 규율할 것인지에 대한 새로운 논의가 지금 활발하게 진행되고 있다.

우주 산업이 국가 간 경쟁 대상이 되면서, 우리에게도 우주는 중요한 관심 항목이 되었다. 우리 기업들도 이제 당연히 우주 활동에 지속적으로 그리고 적극적으로 참여할 테니, 국제사회에서 우주 규범들을 재정비하는 일에 적극적인 관심을 가져야 한다.

장기적 측면에서 우리의 우주 활동을 기획해보면, 우선은 민관 합동의 개발 프로젝트를 진행해서 안전하고 체계적으로 우주 로켓을 쏘아 올리는 게 첫 번째 목표다. 이는 기술적인 수준을 충분히 확보하는 작업이다. 그리고 대한민국의 우주 산업이 활성화되고 우리 기업의 이해관계가 보호될 수 있도록 국제사회의 신 규범 형성에 적극적으로 참여해야 한다. 기술 개발과 규범 형성, 이 두 가지가 앞으로의 우주 산업의 과제다. 둘 중 하나만 빠져도 주도권을 잃는다.

한 번 더 '플라이 미 투 더 문'

2019년 5월, 미국 항공우주국NASA 주도로 거대한 우주 프로젝트가 출범했다. 이른바 아르테미스 약정Artemis Accords 으로, 2025년에 다시 한번 사람을 달로 보내는 사업이다. 1969년 7월 닐 암스트롱 등이 달에 착륙한 이후 무인 우주선을 제외하고 아무도 달에 가지 못했는데, 다시 유인 우주선의 달 착륙 계획을 세운 것이다.

　모두 13개 조항으로 구성된 아르테미스 약정에는 한국을 포함해서 영국·프랑스·캐나다·일본 등 20개국이 참여하는데, 이 계획은 단순히 인간을 다시 달에 보내는 데만 의미를 두는 일은 아니다. 민간 기업의 우주 개발을 어떻게 촉진할 것인지에 대한 구체적 계획이 담긴 사업이다. 그래서 이 약정에는 가령 달·화성·혜성·소행성에서 민간 기업이 우주 자원을 채굴하고 활용할 수 있음을 규정하고 있다.

우주 활동에 쓰이는 인프라, 즉 기술·체제의 국가별 호환성을 높여 여러 기업의 상업적 활용을 지원하는 내용도 담고 있다. 심지어 민간 기업 활동을 보장하기 위한 개별적 안전지대safety zone 설치도 자세히 규정하고 있다. 요컨대 민간 기업에게 달의 일정 영역을 떼어주고 사업 활동을 보장한다는 것이다. 기업이 이 지역을 소유하지는 않지만 사실상 통제권을 행사하는 안전지대를 구축할 수 있게 된 것은 1967년 우주 조약에서는 생각할 수 없는 일이다.

이에 맞서 러시아와 중국도 2021년 3월 양자 협정을 체결해서 달에서 연구 활동을 함께 추진하기로 했다.[10] 지상에서의 '신냉전'이 우주로도 이어진 양상이다. 중국과 러시아는 2035년까지 달에 공동 연구 기지를 건설하는 계획을 추진하고 있으며, 그 성과와 과실은 양국의 여러 국영 기업 및 정부 연관 기업의 우주 산업 경쟁력 강화로 이어질 것이다.

이렇듯 우주 개발을 둘러싼 각국의 행보가 빨라지고 있다. 우리 앞에도 이제 민간 주도의 우주 산업을 어떻게 이끌어나갈 것이냐 하는 과제가 놓여 있다. 다른 나라와 마찬가지로 우리도 처음에는 국가 주도로 시작했으나 후속 작업으로 민간 분야의 역량을 끌어올려야 한다. 지난번 누리호 발사에 300여 민간 기업이 참여해 민관 협력의 첫 단추를 끼웠는데, 앞으로가 중요하다.

우주 개발을 위해 꼭 필요한 법률 무장

뉴 스페이스 시대를 맞이한 지금, 우리나라의 관련법은 여전히 '올드 스페이스'에 머물러 있다는 것도 큰 문제다. 2022년 개정된 우주개발진흥법에 의미 있는 진전이 있긴 했지만, 큰 틀은 예전 그대로다.[11] 예컨대 현재 우주 산업의 핵심으로 떠오른 광물자원 채굴, 연구기지 건설과 관련된 연구와 산업은 정작 지금도 이 법에서는 빠진 상태다.

이 법이 말하는 '우주 개발'은 로켓 설계, 발사와 우주 공간 이용, 탐사에 국한된다(법 제2조). 요컨대 '로켓'과 '우주 공간' 두 가지만 우주 개발 대상이다. 우주 산업과 국가 간 경쟁의 주요 대상인 달·화성·소행성 등은 모두 생략되어 있다. 이들은 '우주 공간'이 아니라 천체天體인 까닭이다. 바로 이런 이유로 우리나라도 가입한 1967년 우주 조약도 '우주 공간'이 아니라 '천체를 포함하는 우주'라는 개념을 사용하며 우주 활동을 폭넓게 규율한다. 그런데 왜 우리 법은 범위를 좁혀두었을까?[12]

이 법이 처음 도입된 시점이 2005년이었으니, 지금의 뉴 스페이스 시대를 내다볼 수 없었다. 사실 그때만 해도 우주는 먼 미래의 일이었다. 유일한 관심이 위성을 쏘아 올리는 것이었으니 우주라고 하면 위성이 들어가는 궤도, 즉 '우주 공간'이 전부였다. 그러나 지금 우주 산업은 공간을 넘어 달·소행성과 같은 천체로 향한다. 광물 자원이 모두 거기 묻혀 있고, 연구 기지를 건설하는 곳도 거기다. 그런데 이와 관련된 연구개발 활동은 현행법에선 우주 개발에 해당하지 않는다.

그 결과 이에 참여하는 민간 기업도 최소한 이 법의 지원 대상에서는 빠지게 되었다. 2005년에 들어온 낡은 골격을 그대로 둔 까닭이다. 이는 눈앞의 뉴 스페이스 시대, 아르테미스 약정의 기본 계획과 전혀 맞지 않는다.

앞에서도 언급했듯 법률전쟁 시각에서의 접근이 우주 산업에서도 필요하다. 이미 미국, 러시아, 중국 등 우주 개발 선도국들은 자신들의 이해관계를 반영한 규범 형성 작업에 활발하게 나서고 있다. 여기에는 국내 규범, 국제 규범이 모두 포함된다. 이런 흐름에 우리도 참여해서 새로운 규범이 우리나라의 이해관계를 반영할 수 있도록 여러 노력을 기울여야 한다. 당장 우리나라 국내 법령 정비 문제를 포함해서 우리 국익을 반영하는 국제사회 규범 확립에 활발하게 참여해야 한다.

우리는 역사적으로 늘 공간의 제약에 갇혀 살아왔다. 좁은 국토 때문이다. 그런데 바야흐로 이 숙명에서 벗어날 계기가 왔다. 사이버 공간을 매개로 하는 디지털 시대, 새로운 공간으로 진출하는 우주 산업 시대가 바로 그것이다. 영토적 제약이 사라진 새로운 영역들이다. 두 시대가 동시에 다가온 지금, 새롭게 도약할 기회가 우리 앞에 열려 있다.

얼음 속에 감춰진
또 다른 기회

남극은 대륙이고, 북극은 바다다

이제 지구로 돌아와 극지 탐사를 한번 해보자. 북극과 남극이다. 북극과 남극의 차이는 무엇일까? 북극에는 북극곰이 있고 남극에는 펭귄이 산다는 것 정도는 다들 알겠지만, 기본적으로 북극과 남극의 근본적 차이가 무엇인지 질문하면 선뜻 대답이 나오지 않을 것이다.

한마디로 두 극지의 차이를 말하면, 남극은 땅이고 북극은 바다다. 얼음으로 덮여 있는 외관은 비슷하지만 남극은 북극과 달리 대륙이다. 흔히들 남극 대륙이라고 하지 않는가. 반면 북극은 북극 대륙이 아닌 북극해다.

남극이 땅이다 보니 제2차 세계대전 이후 남극 대륙 영유권을 두고 국가 간의 경쟁이 치열했다. 영유권 주장의 논리도 나라마다 다양한 데, 아르헨티나, 칠레, 뉴질랜드 등의 남극 주변 국가들은 남극이 자신들 나라와 가까우므로 자신들에게 남극 영유권이 있다고 주장했다.

또 다른 주장은 피자 조각 나누듯 영유권을 나눠 가져야 한다는 것이다. 남극은 여러 연안국의 해안선 끝에서 시작되는 경도선을 따라 남극점까지를 나눌 수 있다. 이렇게 분할해서 나눠 갖자는 아이디어다. 이와 같은 국가들 간의 다툼을 조율하기 위해 더 이상 남극 영유권 주장을 못하도록 하는 조약이 체결되었다. 1959년 만들어진 남극 조약 Antarctic Treaty이 그것이다. 영유권 문제를 해결한 것이 아니다. 골치 아픈 문제이고 싸움만 이어지니 일단 영유권 주장을 동결시키고 함께 개발에 나서자는 게 핵심이다.

반면 땅이 아니라 바다인 북극에는 해양법이 적용된다. 1982년 체결된 UN 해양법 협약은 바다인 북극에도 적용된다. 하지만 북극이 바다라고 해서 그곳에서 누군가 헤엄치거나 배가 지나다니거나 하지는 않았다. 꽁꽁 얼어 있는 곳이기 때문이다. 이용 가치가 별로 없으니 큰 관심이 없었다.

그런데 최근 북극에 큰 변화가 생기고 있다. 바로 지구 온난화 때문이다. 지구 온난화로 북극 빙하가 빠른 속도로 녹아내리면서 이제 북극에서도 배가 다니고, 심지어 사람의 해상 활동도 살짝 가능한 상황까지 발생했다. 드디어 북극이 바다로서의 존재감을 드러내기 시작한 것이다.

이렇게 되면서 북극에 대한 국가 간 분쟁 또한 시작되었다. 바다이지만 특별한 성격의 바다인 북극해에 일반적인 룰이 그대로 적용되는지, 아니면 새로운 룰이 필요한지가 국가 간 이견의 핵심이다. 하지만 아직은 남극 대륙은 남극 조약, 북극해는 UN 해양법 협약이 극지 문제를 규율하고 있는 실정이다. 둘 다 중요한 조약이나 극지 활동을 규율하는 데에는 새로운 국제사회의 환경과 잘 들어맞지 않는다. 국가들의 필요나 요구 사항도 제대로 반영하지 못하고 있다.

남극에도 대한민국 법이 적용되는 곳이 있다

1959년에 체결된 남극 조약의 취지는 남극을 향한 각국의 경쟁을 중단시키는 것이었다. 그러나 이 남극 조약은 앞선 우주 조약과는 다르다.

앞에서 본 대로 우주는 우리 모두의 것, 즉 인류의 공동 유산이므로 어느 국가도 우주를 독점하지 못한다는 것이 우주 조약의 핵심 아이디어였다. 그러나 남극은 우리 모두의 소유라는 것이 아니라 최소한 지금 시점에서는 어느 누구도 자신의 것이라고 주장하지 못하도록 일단 '스톱'시켜둔 것이다. 즉 영유권 주장을 동결해 문제의 해결을 미래로 미루어둔 것이다.

영유권 주장을 동결하는 대신, 자격을 갖춘 모든 국가가 과학기술 개발 및 연구에 나설 수 있게 허용하여 서로 실익을 꾀하자는 것이 남극 조약의 핵심 전제다. 사고의 흐름과 조약의 방향이 완전히 다른 셈이다.

이에 따라 우리나라도 1988년 2월 남극에 세종기지를 건설해서 지금까지 활발하게 연구 활동을 이어가고 있다. 15명에서 40명가량의 상주 인력이 세종기지에 머물고 있다고 한다. 정부출연연구소인 극지연구소가 남극의 세종기지, 북극의 다산과학기지를 각각 운영하고 있다.

멀리 떨어져 있지만 세종기지에는 우리 국내법이 적용된다. 따라서 세종기지 상주 인력 간에 발생하는 이런저런 충돌에 대해서도 우리 국내법을 적용해서 처벌한다는 것이 가끔 언론에 기사화되기도 한다.

극지연구소 홈페이지에 나오는 세종기지 가는 길을 보면,

남극 세종과학기지 가는 길 ©극지연구소 홈페이지

미국 쪽으로 가서 칠레를 거쳐 남극으로 가거나, 유럽 쪽으
로 가서 칠레를 거쳐 남극으로 가는 방식이 있는데, 워낙 먼
거리다 보니 어느 쪽으로 가건 큰 차이는 없는 것 같다. 이
먼 곳에도 우리 법령이 적용된다는 것은 우리나라의 관할
권이 여기에도 미친다는 것이다. 영유권 주장을 동결하고
대신 각국이 자국 과학 기지에 대해서는 각자의 관할권을
행사할 수 있도록 한 남극 조약의 결과다.

극지연구소 홈페이지에는 남극 세종기지와 연락할 수
있는 전화번호가 등재되어 있다. 그런데 우리 국내 번호가
나와 있다. 경기도 지역 번호인 032로 시작하는 우리 전화
선이 세종기지까지 연결되어 있다. 이 전화번호야말로 세

종기지가 국내법이 적용되는 대한민국 관할권 영역 내에 있다는 점을 보여 주는 하나의 상징이 아닐까 싶다.

누가 북극의 주인인가

이제 남극의 반대쪽인 북극으로 가보자. 1990년대 후반부터 지구 온난화의 영향과 기술 발전으로 여러 해양 활동이 가능해지면서 북극은 바다로서의 특성을 조금씩 갖게 되었다. 바다로서의 특성이라면, 항해가 이루어지고 해양 천연자원 개발이 가능해졌다는 뜻이다. 그러다 보니 북극해에서도 국가 간의 다툼이 당연히 발생할 수밖에 없다.

북극은 지금 점점 더 녹고 있고, 이에 따라 인간 활동과 개발이 이루어지며 천연자원이나 여러 생물자원도 큰 위협을 받고 있다. 규범적인 측면에서도 그간 북극해에는 별 의미가 없었던 해양법이 이제 본격적으로 적용될 수밖에 없는 상황이다. 이에 북극 연안 국가들은 북극 이사회라는 새로운 그룹을 만들어 활동하기 시작했다.

러시아, 노르웨이, 덴마크, 핀란드, 스웨덴, 캐나다, 미국, 아이슬란드 8개국으로 구성된 북극 이사회는 국제기구가 아닌 단순한 협의체다. 즉 북극 환경 보호와 지속 가능한 발전이라는 목표를 달성하기 위한 협의체다. 하지만 그 내심에는 그들의 이해관계가 자리잡고 있다. 북극해를 어떻게 그들 8개국의 이익에 부응하게 활용할 것인지에 대한 아이디어를 모으는 일종의 폐쇄적 그룹인 것이다.

북극 이사회에는 이사국인 8개국 이외에도 우리나라를 포함해서 13개 국가가 옵서버 국가로 참여하고 있다. 하지만 중요한 의사결정은 북극 이사회 8개국들이 모두 하고 있는 실정이다. 따라서 미국, 러시아, 캐나다 등은 법률전쟁의 시각으로 지금 이 문제를 다루고 있다. 이들 8개국의 앞으로의 행보에 귀추가 주목된다.

얼마 전에 러시아 잠수함이 북극해 밑바닥까지 내려가서 튼튼한 플라스틱으로 만든 러시아 국기를 바다 밑에 거치하고 올라왔다는 보도가 있었다.[13] 이와 같은 러시아의 행동이 바로 북극해를 자국에 유리한 영역으로 확보하려는 노력을 상징적으로 보여준다.

북극 바다를 가르는 대한민국 쇄빙선

우리나라 또한 북극해에 대한 적극적인 참여와 투자를 이어가고 있다. 2002년 북극해에 북극 다산과학기지를 건설했는데, 이곳은 스발바르제도라는 북극해상에 위치한 노르웨이 영토다. 노르웨이의 허가하에 노르웨이 영토에서 과학기지를 운영하고 있는 것이다. 바다에서 거주할 수는 없으니 어느 나라 땅에 과학 기지를 건설할 수밖에 없다. 우리나라는 노르웨이를 선택했다.

극지연구소 홈페이지에 등재된 남극 기지 연락처가 경기도 지역번호인 것과 달리 북극 다산과학기지 연락처는 노르웨이 국제전화다. 전화번호의 차이가 남극과 북극의 법적 차이를 선명히 드러낸다고도 할 수 있다.

우리나라는 북극에서 과학 활동은 물론이고 북극 항행을 위한 조선 산업에도 열심히 참여하고 있다. 현재 쇄빙선 주문이 전 세계로부터 증가하면서 우리나라 조선 산업이 새로운 전기를 맞고 있다. 쇄빙선은 얼음을 깨고 가는 배다. 현재 북극은 얼음이 많이 녹아서 항행 자체는 가능하지만, 여전히 떠다니는 얼음들을 헤쳐 나가기 위해 일반적인 배와는 다른 특별한 장치가 필요한데, 이에 우리나라 기술로 만든 선박들이 특수를 누리고 있다. 우리 조선 산업이 세계 최고의 기술을 가졌기 때문이다.

북극해 활용의 가장 큰 혜택으로 물류 비용의 절감을

들 수 있다. 예를 들어 우리나라의 가장 큰 수출항인 울산에서 출발해서 네덜란드의 암스테르담, 독일의 함부르크까지 가는 가장 흔한 항로를 생각하면 2만 100킬로미터에 24일 정도가 소요된다. 반면 북극해를 통하면 항로가 1만 2700킬로미터로 단축되고, 기간도 14일 정도로 줄어든다. 매번 이러한 차이가 생긴다면 시간이 지날수록 경제적 효과는 엄청날 수밖에 없다.

그래서 북극 이사회도 자신들의 이익을 위해 활발하게 활동하는데, 그 활동에는 새로운 법적 규제 조치를 마련하는 일도 포함된다. 예를 들어 쇄빙선 운항에 여러 새로운 기준을 만들 수 있고, 북극 항로에 대해 여러 명목의 비용을 부담시킬 수도 있으며, 환경 보호를 이유로 여러 제한 조건도 부과할 수 있다. 다양한 명목과 방식으로 여러 규제 조치를 도입할 수 있다.

이렇듯 법적 근거 및 수단을 확보하기 위해 북극 이사회 국가들이 현재 다양한 논의를 하고 있다. 반면 우리나라를 포함한 옵서버 국가들은 이들 8개국이 국제해양법 체제와 다른 새로운 규범을 북극 쪽에 적용할까 싶어 유심히 지켜보고 있다. 아무튼 해양법의 큰 틀 내에서 새로운 규범을

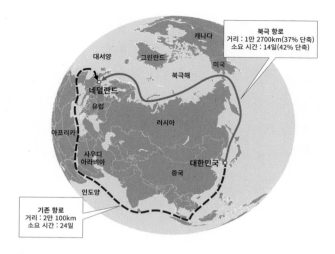

북극 항로
거리 : 1만 2700km(37% 단축)
소요 시간 : 14일(42% 단축)

캐나다

대서양   그린란드
                            미국
대덜란드   북극해

유럽

아프리카   러시아

사우디
아라비아   대한민국
          중국

인도양

기존 항로
거리 : 2만 100km
소요 시간 : 24일

북극 항로와 기존 항로 비교

북극 환경에 적용하는 조정 작업이 현재 활발하게 진행 중
이라는 사실을 기억하자.

쇄빙선으로 만든 과학 탐사선인 우리나라의 아라온호
또한 코로나19 때문에 한동안 활동을 못 하다가 얼마 전에
다시 활동을 재개했다고 한다.[14] 이제 북극해는 어쩌다 다
니는 길이 아니라 특별한 문제가 없을 경우 누구나 다닐 수
있는 기본 항로가 되었다. 과거와는 확연히 달라진 새로운
북극의 모습이다.

외교부 홈페이지에 게재된 북극 항로 지도를 보면, 북극해를 통한 항로가 기존 항로보다 대략 노선당 8000킬로미터 정도를 줄일 수 있다고 한다.[15] 기존 노선에 비해 거의 40%가 줄어든다. 물류 비용 절감은 상당할 것이다. 북극해 이용으로 우리나라 또한 상당한 경제적 실익이 생기는 것이다. 이 말은 달리 표현하면 우리의 새로운 교역 루트가 이들 8개국의 영향을 많이 받게 됨을 의미한다.

우주와 극 지방, 무법지대를 지켜라

지금까지 우주와 남북극 극지를 살펴봤는데, 이곳들은 모두 인간의 활동이 새롭게 펼쳐지는 영역이다. 이로써 국가 간에 새로운 분쟁이 발생하게 되었고 그 다툼의 핵심은 새로운 규범에 자국의 이익을 반영하는 것이다. 그런데 국가 간 이익이 충돌하는 현실에서 서로 다른 입장을 중재하는 일은 결코 쉽지 않다.

예를 들어 일론 머스크의 스페이스X 프로젝트가 성공해서 2030년 달나라에 착륙하고 탐사 활동을 진행해 수십조 경제 가치를 지니는 희토류를 발견하게 된다면, 이 희토류는 누가 갖게 되는 걸까? 일론 머스크가 소유하는가? 아니면 미국이 소유하는가? 아니면 우주 조약에 명시된 대로 우주는 인류 공동의 재산이니 75억 지구인의 소유가 되는 걸까? 만약 그렇다면 우리 모두 N분의 1 몫을 기대할 수 있다. 이것이 지금 새로운 규범 논의의 핵심이다.

처음 우주 조약에서 우주를 '인류의 공동유산'이라고 했을 때 그 누구도 반대하지 않고 박수를 쳤다. 그런데 막상 우주 활동이 현실화되다 보니 우주에서 획득하는 헬륨, 희토류, 백금, 텅스텐 등을 누가 소유하는가에 대한 국가들의 고민이 시작되었다. 막연한 개념이 구체적인 돈 문제로 바뀌자 새로운 갈등이 촉발된 것이다.

이 내용을 담고 있는 게 바로 아르테미스 약정이다. 우주에서의 상업 활동을 어떻게 확보하고 어떻게 규율할 것인지를 다루고 있는 게 아르테미스 약정인데, 여기에서는 우주자원의 개발과 활용을 허용한다. 요컨대 일론 머스크의 활동을 양성화하고 적극적으로 지원하는 것이다.

아르테미스 약정은 단순히 달나라에 다시 간다는 것에 중점을 둔 것이 아니다. 한 걸음 더 나아가 우주에 대한 규범 체제를 상업적 측면에서 어떻게 재조정할 것인가 하는 주요국의 관심사를 담은 새로운 프로젝트다. 따라서 아르테미스 약정이 어떻게 추진되고 적용되는지를 유심히 지켜볼 필요가 있다.

남극과 북극 역시 우주와 비슷하다. 호기심의 대상이던 지역이 인간의 활동 대상이 되면서 새로운 규범 문제를 안게 되었다. 온난화로 인해 예기치 못했던 새로운 바다를 우리가 만나게 되면서 북극해에 대한 규범을 새로 만드는 것이 지금 시급한 국제적 현안이다.

남극도 마찬가지다. 1959년에 체결했던 남극 조약 체제를 남극 연구 활동과 남극에서 이루어지는 인간 활동에 어떻게 적용할 것인지가 현재 큰 화두다. 남극을 단순한 땅덩어리가 아니라 자원의 보고로 인식하고, 이제 이를 본격적으로 개발할 기술 발전과 환경적 변화(지구 온난화)가 급속히 전개되고 있다. 돈 문제가 얽히면 국가 간 대립은 곧바로 발생한다. 남극에서도 이러한 갈등이 머지않아 분출될 것이다. 그러면 새로운 룰을 만들기 위해 국가들이 다시 머리를 맞댈 것이다. 우주와 남북극을 둘러싸고 법률전쟁이 활발하게 이루어지고 있다는 사실을 우리는 꼭 기억하고 새로운 동향을 주시해야 한다.

2022년 개정된 우주개발진흥법 말고
도 우리나라에 또 다른 우주 관련법이
있는가?

사실 항공우주산업개발촉진법이 있는데, 이것은
우주개발진흥법보다도 더 오래되었다. 1987년
도입 이후 큰 골격이 37년째 그대로다. 예를 들어
이 법이 적용되는 '항공우주산업'은 '항공기, 우
주 비행체, 관련 부속기기 및 소재'를 생산하는
것으로 정하고 있다(제2조).

요컨대 우주 산업이 로켓과 그 부속 및 소재에

국한되어 있는 것이다. 역시 지금 우리의 관심 대상인 우주의 다양한 개발과 민간 활동 및 이와 관련된 신 산업은 빠져 있다. 시대에 뒤떨어진 법이라 하지 않을 수 없다. 이것은 로켓 개발이 우주 산업의 전부이던 시기에 만들어진 법이다. 따라서 항공우주산업개발촉진법 역시 다시 매만질 시점이 되었다.

우주 산업을 국가적으로 추진하는 데
시스템적인 문제가 있는가?

가령 우주 산업을 위한 양대 축인 위 두 법이 각각 과학기술정보통신부와 산업통상자원부 소관으로 나뉘어 있다는 점이 문제다. 새로운 산업 육성에는 두 부처의 협업과 창의적 문제 해결 및 입체적 사고가 필수다. 뉴 스페이스 시대를 맞아 두 부처가 각자 전문 영역을 유지하며 동시에 어떻게 협업할 것인지에 대한 고민이 절실하다. 현재처럼 우주

개발은 과기정통부, 항공우주 산업은 산자부로 분리되면 해당 기업 입장에선 오락가락할 수밖에 없다.

예를 들어 두 법은 각각 두 부처를 통해 민간 기업에 대한 지원을 규정하고 있다. 새롭게 사업에 뛰어드는 민간 기업들은 누구에게 어떤 지원을 요청해야 할지 복잡한 갈림길에 설 것이다. 특히 항공우주 업무는 이들 두 부처에 더해 국방부·국토교통부도 관련된다. 광활한 우주 사안인 만큼 외국과의 접점도 계속 생기니 외교부도 빠질 수 없다. 산업 현장에서 발로 뛰는 기업 입장에서는 이 모든 부처와 협의해야 한다. 할 수는 있지만 쉽지 않은 일이다.

나아가 2024년 1월 9일 국회를 통과한 '우주항공청 설치 및 운영에 관한 특별법'에 따라 우주항공청을 신설한다면 이 기관의 역할은 또 어떻게 될 것인가. 주요 20개국[G20] 가운데 우리나라만 우주 전담 기구가 없었으니 이번 기회에 새로운 기관을 설립한 것은 일단 환영할 만한 일이다. 그러나 우주 산업에 대한 정확한 이해를 토대로 여러 부처와 업무 조정 작업이 제대로 이루어지지 않으면 새로운 기관 설립으로 혼선만 가중될 위험도 있다. 새로운 우주 시대를 선도할 수 있는 적절한 역할과 권한이 정립돼야 하며, 부처 간 업무의 교통정리가 반드시 뒤따라야 한다.

현재 남극과 북극 기지에서 가장 활발한 활동을 하는 국가는 어디인가?

남극 조약 체결 이후, 다행히도 남극에서 국가 간 경쟁이 제한되어 왔다. 남극은 개발이나 이권 다툼의 영역이 아닌, 과학적 연구 활동의 영역으로 이해되었다. 그러나 점점 러시아, 중국, 미국을 포함한 여러 국가들이 남극 지역에서 자신들의 이해관계를 활발하게 표출했다.[16]

특히 중국의 활동이 눈에 띈다. 중국의 시진핑 주석은 중국을 북극과 남극에 강력한 영향력을 제공하는, 이른바 극지 대국으로 만들겠다고 천명해왔다. 그 일환으로 최근 중국은 남극의 로스해 근처에 5번째 기지 설립 계획을 발표했다. 그러나 중국의 새로운 기지 설립은 많은 논란을 낳고 있기도 하다. 일부 전문가들은 이들 기지가 남극을 순수하게 연구하는 용도 외에, 근처에 있는 다른 국가의 기지를 견제하는 용도로도 사용될 수 있다고 우려하고 있다.[17]

북극의 경우 남극처럼 국가 간 경쟁을 막는 우산의 역할을 하는 조약이 없다. 게다가 최근 기후변화로 빙하가 녹으면서 새로운 항로가 생기고, 얼음 아래 숨어 있던 다양한 자원이 노출되어 개발이 가능해졌다. 이로 인해 국가 간 이권 다툼은 더욱 심해지고 있으며, 대부분의 국가는 북극에서 다양한 활동을 이어나가고 있다. 러시아를 제외한 미국, 노르웨이, 덴마크 등 북극 이사회 회원국과 대한민국, 영국, 일본을 포함한 13개 옵서버 국가들은 북극 이사회를 통해 활발하게 자국의 입장을 표명하고 의견을 조율해가고 있다.

2022년 2월 우크라이나 침공 이후 북극 이사회에서 사실상 배제되고 있는 러시아와 이사국이 아닌 중국의 상황은 어떨까?

러시아는 예전부터 북극에서 군사적 영향력을 확대하기 위해 노력해왔다. 북극해 주변에서 활발한 조사 활동을 이어오고 있다. 미국 에너지부 조사 자료에 따르면 북극에서 발견된 천연가스 및 유전의 3분의 2가 러시아에 속한다고 한다.[18] 이에 따라 러시아는 새로운 경제적 이해관계를 보호하기 위해 소련 시절 사용했던 군사 전초기지를 보수하고 있다.

한편 중국은 북극 이사회에 옵서버가 되기 위해 노력했으나, 여러 번 실패한 끝에 2013년에야 겨우 옵서버 자격을 부여받았다. 중국은 현재 북극에 연구 탐험대를 파견하고, 러시아와 긴밀히 협력하고 있다. 최근 북극 지역 군사 활동의 일환으로 러시아와 중국은 무르만스크에서 북극해안 경비협력에 관한 MOU를 체결했다.[19] 이른바 신냉전 구도가 북극에서도 이어지고 있다.

우주 쓰레기가 땅에 떨어지면 어떤 국
가가 책임을 져야 할까?

우주 물체가 우주 공간을 둥둥 떠다니다가 지구
표면상의 다른 국가의 영토에 추락하거나 혹은
비행 중인 항공기에 충돌하여 손해를 입혔다면
누구의 책임인가? 답은 간단하다. 우주 물체를
발사한 국가는 과실이 있는가 없는가에 상관없이
무조건 보상·배상해야 한다. 예를 들어보면, 러
시아의 우주 물체가 한국 땅에 떨어져 피해를 입
혔다면 러시아가 잘못했는지 여부를 따지지 않고
항상 러시아가 책임을 져야 하는 것이다.

이런 규범은 어디에 쓰여 있을까? 바로 1972
년에 만들어진 '우주 물체에 의해 발생한 손해에
대한 국제책임에 관한 협약'이다. 이 협약은 1967
년 우주 조약의 손해발생 책임 부분을 구체화하고
보완한 것이다.

우주 쓰레기 문제는 현재도 심각하며 앞으로
더 심각해질 것이다. 국가들이 경쟁적으로 우주

개발에 뛰어들면서 생겨나는 수많은 우주 파편과 잔해가 우주를 떠다닐 것이기 때문이다. 현재 우주 쓰레기의 양은 실로 엄청나다. 유럽우주기구 European Space Agency에 따르면, 우주를 떠다니는 우주 쓰레기는 1억 2천만 개가 넘는다고 한다. 직경이 작은 우주 쓰레기의 경우에는 아예 관측하기 힘들다는 것을 감안하면 실제 쓰레기는 이보다 더욱 많을 것이다.

우주 쓰레기가 많다면 당연히 이로 인한 피해 사례는 증가할 수밖에 없다. 500킬로미터 상공에 있는 우주 쓰레기가 이런저런 이유로 지구 표면으로 떨어지는 데 25년 정도 걸린다고 한다. 앞으로 우주 파편들이 지구로 떨어지거나 다른 위성과 충돌해 더 많은 파편을 만들어내는 일이 잦아질 것이다.

우주 물질로 인해 피해를 입는다는 것이 꿈처럼 느껴질 수도 있지만, 실제로 다양한 사례가 있다. 1997년 러시아의 코스모스 1275호가 미국의 통신 위성과 부딪혀 많은 파편을 발생시켰다.

또한 2018년 중국의 톈궁 1호는 불과 2분 차이로 한반도를 빗겨나가 태평양에 떨어졌다.

그런데 현시점에서 1972년 책임협약을 적용하기에는 문제가 있다. 우주 관련 국제 규범상 '우주 물체'나 '우주 쓰레기'에 대한 개념 정의가 정확하지 않기 때문이다. 이 역시 당시에는 우주선 추락만 생각했지 쓰레기 양산으로 인한 피해는 미처 생각하지 못한 까닭이다. 따라서 국제적인 차원에서 새로운 규범을 만들어 우주 쓰레기 문제에 대응하는 것이 필요하다.

개도국이 우주 자원의 경제적 이익에
접근할 수 있는 방법은 없을까?

본디 우주 자원은 인류의 공동유산Common Heritage of Mankind이다. 이를 토대로 1967년 여러 국가들은 우주 조약을 체결했다. 우주 조약의 핵심은 우주 공간은 모든 국가가 차별 없이 자유롭게 탐사할 수 있는 공간이라는 것이다. 1979년 달 조약도 이와 비슷한 맥락에서 체결되었다. 그래서 달에서 채굴한 자원과 우주 자원은 인류의 공동유산으로 그간 보편적으로 해석되었다. 그러나 이런 조약들을 제정한 시기의 기술은 우주선이 대기권을 겨우 벗어나는 정도였다.[20]

우주 기술이 급속도로 발전된 현재, 관련 조약의 세부적인 항목과 내용이 부족하다. 일부 국가들은 이러한 이유로 국내법을 독자적으로 정비하기 시작했다. 미국은 2015년 관련 국내 법령들을 개정하여 민간 기업의 우주 자원에 대한 소유권을 인정했다. 일본도 2020년 민간 기업이 우주 자원을 채굴하고 처분할 수 있는 방향으로 법률을 정비했다.

그렇다면 우주 탐사 및 자원 채굴 기술이 선진국에 비해 턱없이 부족한 개발도상국의 경우에는 우주 자원에 접근조차 할 수 없는 것일까? 우주 개발이 본격화되고 경제적 부가 창출되면 개도국들의 불만은 더욱 커질 것이다. 지상에서 이들의 불

만이 우주로 이어질 것이다. 일부 개발도상국은
독자적인 기술로 우주 개발에 참여하는 것이 힘에
겨워 선진국과 협력하는 모델을 택하기도 한다.
대표적인 예로 인도네시아는 우주선과 우주발사
대 건설과 관련하여 미국의 우주 민간 기업 스페
이스 X와 협력하고 있다.

4부

위기를
기회로

바꾸는
대전환

다자주의 체제의 와해, 국제화와 반국제화의 공존, 신 냉전의 도래, 국제 분쟁의 증가, 무력 충돌 발생 등 한 마디로 전례 없는 위기에 처한 것이 2024년 오늘 국제 사회의 현실이다. 이 위기 상황을 어떻게 이겨내는지 가 앞으로 인류의 미래를 결정하는 중요한 지표가 될 것 이다. 우리나라 역시 중대한 기로에 서 있다. 이 파고 를 넘어 계속해서 성장과 번영의 길로 나아갈 것인지 아 니면 다시 변방의 작은 나라로 쪼그라들 것인지 앞으로 20~30년이 결정할 것이다. 지금의 위기를 새로운 기 회로 바꾸는 국가적 전략의 수립, 발상의 전환을 통한 창조적 방안의 모색이 무엇보다 필요한 때다.

위기 속으로 가라앉는
국제사회

전 지구적 비상사태

지금 국제사회는 한마디로 비상사태에 처해 있다. 수사적 표현이 아니라 정말 그렇다. 지구 온난화 현상은 이제 기후 변화를 넘어 기후 위기로 접어들었다. 매년 여름은 그전 해보다 더 더워지고 겨울은 더 추워지고 있다. 2023년이 근래 가장 기온이 높았던 한 해였다고 한다. 이대로 이어진다면 결국 인류의 생존을 위협할 것이다.

　남태평양의 아름다운 섬나라, 투발루에서는 아홉 개의 섬 중 두 개가 이미 가라앉고 있다. 물의 도시 베네치아도, 낙원의 휴양지 몰디브도 높아지는 수면에 생존을 위협받고 있다. 그럼에도 지구 온난화 흐름이 바뀐다는 징조는 어디에도 없다. 당분간 이 추세로 계속 지구 온도는 올라갈 것이다. 폭염, 폭우, 폭설, 한파가 이어지며 모든 나라와 사람들에게 큰 피해를 초래할 것이다.

여기에 더해 2020년 1월에 시작된 코로나19 팬데믹은 전 세계에 막대한 피해를 초래했다. 2024년 2월 현재 국제사회는 어느 정도 정상 궤도로 복귀했으나 여러 국가와 국민의 마음에 남겨진 경험과 상처는 쉽사리 사라지지 않을 것이다.

무엇보다 비슷한 전염병이 다시 기승을 부릴 가능성은 언제나 잠복하고 있다. 보건 위기 상황에서 국경 폐쇄, 교류 차단이 생존의 방법임을 깨달았다. 국제사회가 다시 정상 가동 하지만, 어느 순간 갑자기 가동 스위치가 꺼질 수 있다는 걸 이제 경험으로 배웠다.

2022년 2월 러시아의 우크라이나 침공으로 시작된 전쟁은 유럽 대륙을 전쟁의 소용돌이 속으로 몰아갔다. 제2차 세계대전 이후 유럽에서 크고 작은 무력 충돌과 내전이 있었으나 국가 간 전면적인 무력 충돌이 발생한 것은 이번이 처음이다. 미국과 러시아, NATO와 러시아의 갈등이 커지고 있어 비슷한 전쟁이 유럽 다른 지역에서 발생할 가능성도 점쳐지고 있다.

최근 전개되는 이러한 일련의 상황들은 무엇을 말하는가? 바로 지금 우리가 전 지구적 위기에 직면해 있다는 것이다. 이들 위기에는 국경이 없다. 모든 국가가 영향을 받고 있으며, 이를 해결하기 위해 전 인류 공동의 노력이 필요하다.

그러나 이러한 공동의 노력은 지금은 별로 보이지 않고 있다. 국제사회를 리드해야 할 주요 강대국인 미국과 중국은 이 위기 상황에서 주도권을 차지하기 위한 경쟁에 바쁘다. 신냉전 시대을 맞아 여러 국가는 다른 국가와 광범위하게 협력하기보다는 강대국을 중심으로 하는 폐쇄적 그룹에 참여해, 이슈를 선택하여 전략적으로 협조하는 모습을 보이고 있다. 인류 공동의 대응이 아니라 이해관계를 중심으로 한 그룹별 대응에 그치고 있는 것이다. 이러니 제대로 된 대응이 될 리 없다.

안타깝지만 국제기구도 이러한 기조를 반영하고 있다. 공동의 목표를 추구하며 국가 간 협력을 도모하기 위해 만들어진 국제기구는 근래 제 역할을 못하고 있다. 상황을 단적으로 보여주는 분야는 보건 분야와 환경 분야다.

세계적인 보건 위기 상황이었던 코로나19가 발생했을

때를 생각해보자. 당시 세계보건기구World Health Organization, WHO 는 전례 없는 위기에 직면한 국제사회의 현실에도 불구하고 의미있는 역할을 수행했다고 보기 힘들다. 팬데믹에 대한 경고와 각국의 적극적인 노력을 주문하고 감염자 통계를 산출하는 등의 원론적인 역할을 제외하고 팬데믹 극복 과정에서 구체적인 리더십을 보여주지는 못했다. 물론 이를 WHO 만의 책임이라고 보기는 힘들지만 국제기구로서의 한계는 분명히 보여주었다. 우리나라만 하더라도 우리를 살린 건 질병관리청이지 국제기구는 아니었다. 그만큼 WHO는 그 존재감이 미미했다.

마찬가지로 기후변화 문제를 다루는 관련 국제기구들도 기후 위기가 심각해지고 있음에도 불구하고 여러 국가의 이견을 조율하지 못해 어려움을 겪고 있다. 계속해서 경고만 발하고, 요청만 제시하고 있다.

문제는 여기서 끝이 아니다. 이러한 다층적, 복합적 위기에 더해 '규범의 위기'도 동시에 전개되고 있다. 바로 규범이 필요한 자리와 순간에 명확한 규범이 없는 것이다. 원래 있던 규범들은 이제 그 적시성을 점점 잃어가고 있고 새롭게 규범이 필요한 영역에서는 아직 규범이 나타나지 않고 있다.

일종의 규범의 아노미 현상이 도래했다.

이미 도입되어 지금 표면적으로는 우리 활동을 규율하는 규범들은 급속하게 바뀌는 우리 생활을 충분히 반영하지 못해 여러 국가와 기업의 불만이 커지고 있다. 그러나 규범에 대한 업그레이드 작업은 거의 일어나지 않고 있다. 또한 처음으로 새로운 규범을 도입해야 하는 영역에서는 의견만 난무할 뿐 이러한 작업이 지지부진하다.

앞서 살펴본 디지털, 우주, 극지 분야는 새로운 규범이 필요한 자리지만 아직 논의만 무성하고 결과물이 없다.

디지털 시대의 도래로 국경이 없어지고 새로운 유형의 분쟁이 발생하고 있다. 이전에는 우주 광물에 대한 채굴이 원천적으로 불가능해 소유권 문제에 대해 아무도 관심이 없었으나 이제는 상업적 개발이 가능해져, 누구의 소유인지에 대한 문제가 본격적으로 다루어지게 되었다. 여러 국가가 앞다퉈 우주 개발에 나서니 곧 소유권 문제로 크게 충돌할 것이다. 그러나 이에 대한 규범은 현재로서는 딱히 없다. 미국과 중국은 정반대의 생각을 내세우고 있다.

지구 온난화로 빙하가 녹으면서 새로운 북극 항로의 개척이 가능해졌다. 하지만 여기에 어떠한 규범을 적용할 것인지 여전히 애매하다. 기존의 바다 규범인지 새로운 규범인지 오리무중이다.

이같이 다양한 새로운 영역에 적용될 규범은 아직 충분하지 않거나 존재하지 않는다. 기술 개발과 인간 활동은 활발하게 늘어나고 있는데 정작 규범은 없으니 앞으로 분쟁은 더욱 증가할 수밖에 없다.

규범이라는 블록으로 세계를 쌓다

이 혼돈의 시기를 현명하게 극복하기 위해서는 진정한 국제 협력을 강화하며 핵심 분야에 대한 국제 규범 업데이트 작업을 하루라도 빨리 시작하는 것이 필요하다.

인간 생활에서 규범은 사회라는 건물을 세워주는 블록과 같다. 국제사회 역시 마찬가지다. 필요한 블록이 없어 위태위태한 곳에 블록을 채우고, 오래되어 헐거워진 블록을 탄탄한 새로운 블록으로 대체한다면 국제사회는 지금의 어려움을 딛고 번영의 길로 접어들 것이다. 지금처럼 멀쩡한 블록을 빼거나 남은 블록을 그대로 방치하고 건물 층수만 높여간다면 붕괴 위험이 높아진다.

이 과정에서 국가들은 자신이 원하는, 또는 자신들이 생각하기에 올바른 블록을 자신들이 원하는 곳에 끼워 넣기 위해 노력하고 경쟁하게 된다. 특히 다양한 논리로 맞서는 지금의 국제사회에서는 여러 국가가 서로 자신의 국익을 반영하여 '규범'의 블록을 채우는 작업이 광범위하게 일어나고 있다.

1945년 UN 헌장에서 자위권을 제외한 무력 사용을 금지한 이후 국가들은 국제 규범에 의지하고 이를 적절히 동원하는 것을 국익 확보를 위한 중요한 수단으로도 인식하게 되었다. 지금 미국, 중국, 러시아, 일본 등은 이러한 작업에 적극 나서며 국제 규범 분야의 인력과 자원을 확충하고 있다.

그렇다면 이러한 혼돈의 상황 속에서 대한민국은 어떻게 해야 할까? 어두운 밤이 지나면 새벽이 온다는 말이 있다. 또한 해 뜨기 전이 가장 춥다는 말도 있다. 우리나라가 지금의 어려운 시기를 넘어서면 다시 한번 새로운 도약의 기회가 올 것이다.

이러한 도약의 기회는 여러 가지 방식으로 찾을 수 있을 것이다. 그중 하나는 다름 아닌 우리도 국제 규범을 적극 활용하는 것이다. 기존 규범을 발전시키고 새로운 규범을 만들어내는 과정에 우리가 적극 참여해 '메이드 인 코리아

made in Korea'의 블록을 여러 영역에 확산시키는 것이다. 이것이 바로 앞으로 우리나라가 전개할 수 있는 건설적이고 법률전쟁적인 접근법이다. 이를 통해 우리의 국익을 확보함은 물론 전 세계가 현재의 어려움을 합리적으로 극복할 수 있도록 우리가 지원하고 선도하는 효과도 거둘 수 있다.

새로운 질서에 참여하라

국제사회를 한번 둘러보자. 기술 개발에도 불구하고 규범이 없다면 왜 큰 혼란이 생기는지 한번 생각해보자. 이런 상황을 한번 그려보자. 자동차가 새로 등장하고 점점 빨라지고 있는데 규칙이 없다면 어떨까? 새로운 고속도로가 여기저기 생겨나고 있음에도 이에 대한 표지판도, 이정표도, 중앙선도 없다면 어떨까?

지금 상황이 꼭 그렇다. 심지어 좌측 주행, 우측 주행도 정리되어 있지 않다. 자동차 간 과도한 속도 경쟁을 하고 있으며, 다른 차선의 자동차가 차선을 변경하려 해도 끼워주지 않는다. 신호등도 색깔이 제각각이다. 도로교통법도 없어 사고가 나도 누구 잘못인지, 얼마나 잘못인지도 알 수 없다.

이렇게 되면 대혼란이 초래될 수밖에 없고, 접촉 사고와 충돌 사고도 빈번할 것이며, 운전자 간 싸움이 이어질 수밖에 없다. 전세계의 관심사인 규범이란 바로 이러한 제도와 체계에 관한 것이다. 자동차를 아무리 잘 만들어도 이러한 제도와 체계가 함께 구비되지 않으면 자동차는 원래의 기능을 발휘할 수 없거나 오히려 무서운 흉기가 된다. 국제사회에서 규범이 필요한 이유다. 지금은 모두 자동차를 빨리 만드는 데에만 관심을 기울이고, 신호등 체계와 교통 법규를 만드는 일은 등한시하고 있다. 전 세계의 관심사인 AI 분야가 대표적인 예다.

국제사회의 규범 형성 작업에 우리가 더 적극적으로 나서는 것은 단지 우리의 이익을 보호하기 위해서뿐 아니라 지금의 국제사회에 진정으로 기여하기 위한 중요한 방편이다. 우리나라의 전문성과 합리성이면, 조금만 준비 작업을 하면 'K-Rule(K-규범)'은 국제적으로 충분히 인기가 있을 것이다. 디지털 분야의 국제 규범을 한번 앞장서 만들어보자. 우리가 충분히 경쟁력이 있다.

각자도생의 시대에서
살아남는 법

쓰나미처럼 몰려오는 재앙

코로나19 바이러스 여파로 전 세계인이 위기의식을 느끼고 있는 지금, 지구 역시도 심각한 위기 상태다. 온난화가 현재 속도로 진행된다면 우리가 사는 지구는 엄청난 재앙을 피할 수 없을 것이다. 지금 빠르게 속도를 내고 있는 우주 개발은 일종의 지구 탈출 시나리오이기도 한 셈이다. 그렇다면 이렇게 눈앞에 닥친 지구의 재앙을 어떻게 극복할 것인지, 그 이야기를 한번 해보려 한다.

2020년 1월부터 시작된 코로나바이러스의 확산은 전례 없는 충격으로, 국내외에서 기존 질서의 근간을 흔드는 비상사태였다. 우리가 받은 충격은 이후에도 오랜 기간 그대로 남을 것이다. 심리적 저항감이 강해져서 코로나 이전의 상태로 다시 돌아가기까지는 상당한 시간이 걸릴 것이다. 이는 보건학적으로, 의학적으로 코로나바이러스를 극복하는 것과는 다른 문제다.

국제관계도 마찬가지다. 앞으로 얼마나 걸릴지는 모르지만, 국제사회의 심적 장애물로서 코로나 사태가 완전히 종식될 때까지의 기간은 국제사회의 전환점이 될 것이다. 언젠가는 지금 우리가 1945년을 이야기하듯 2020년을 이야기하게 될 수도 있다. 1945년이 UN 도입과 새로운 국제사회 질서가 마련되는 기점이 된 것처럼, 먼 훗날에는 2020년부터의 수년간이 국제사회 대변혁의 출발점으로 이해될 가능성도 높다.

그런데 이렇게 어려운 시기에 국제사회는 신냉전 체제에 돌입했다. 가장 큰 리더십을 보여줘야 할 미국과 중국은 더 치열하게 다투고 있고, 중요한 역할을 해야 할 다른 나라들 역시 현재 자신들의 생존 모색에 바쁘다. 선진국과 개도국 간의 갈등은 더욱 깊어지고, 개도국들의 불만은 점점 쌓여만 간다.

이렇다 보니 여러 영역에서 국가들끼리, 또한 그룹들끼리 전방위적으로 충돌하는 현상이 나타나고 있다. 기존 규범과 새로운 규범을 둘러싼 대립도 거세지고 있다. 안타까운 상황이 아닐 수 없다.

위기를 넘으려면 연대해야 한다

2023년 12월 기준으로 공식적으로 기록된 코로나19 바이러스 감염자 수는 7억 7205만 2752건이고, 사망자 수는 무려 698만 5278명이다. 이게 끝이 아니라 지금도 계속 늘고 있다.[1] 지금까지의 상황만 보더라도 코로나19 팬데믹은 금세기 최악의 보건 위기라고 할 수 있으며, 앞으로도 이로 인한 파급 효과는 지속될 것이다.

코로나19 대응으로 확인된 국제사회의 모습은 어떠한가? 개별 국가별로 하루하루 대응책 마련에만 분주했다. 정작 국제사회 차원에서 체계적인 대응이 없었다는 것이 일반적인 평가다. 이를 국제 규범 맥락에서 보면 여러 구조적인 문제점이 드러난다.

먼저 '쪼개진' 국제 규범의 문제가 있다. 환경 및 보건에 적용되는 규범, 우주와 바다, 디지털 사회에 적용되는 모든 규범이 다 쪼개져 있다는 것이다. 물론 국내 규범도 그렇기는 하지만, 그래도 개별 국가는 단일 정부가 체계적으로 조율할 수 있으니 쪼개진 규범들을 어떻게든 하나로 통일적으로 적용하기 위해 노력한다. 그런데 국제사회는 체계적인 정책 결정이 힘들어 여러 영역의 규범들이 단순히 쪼개져만 있는 상황이다. 이른바 국제 규범의 '파편화' 현상이다.

사실 국제 규범이 파편화된 것은 이미 오래된 문제인데, 그 문제점이 코로나19를 거치면서 우리 피부에 더욱 직접적으로 와닿게 된 것이다. 이전에는 국제 규범의 파편화가 국제법 전문가나 국가 원수, 외교부 장관 정도 돼야 고민하는 이슈였다면, 이제는 모든 사람이 피부로 느끼는 하나의 새로운 현상이 되어버렸다.

그리고 제한된 WHO의 역할과 시대에 뒤떨어진 국제 보건 분야 규범도 문제다. 한마디로 WHO가 세계 보건의 최정점에 있는 국제기구로서 제 역할을 못 한다는 것이다. 코로나19 발생 시점에 TV에 거의 매일같이 WHO 사무총장이나 관련 담당자들이 나와서 열심히 논의하고 행동하는 것 같더니, 한두 달 만에 사람들과 국가들의 관심에서 사라졌다.

그 이후 최근까지 WHO 관련 기사는 아예 찾아볼 수 없다.

왜 그럴까? 의사결정이 늦고 제대로 역할을 못하기 때문이다. 인류 역사상 손꼽히는 최악의 보건 위기 상황에서 WHO가 보이지 않는다는 것은 참으로 큰 문제다. 기타 국제기구도 마찬가지다. 국제사회의 다자주의 체제가 와해될 위기에 처해 있는데도 WTO가 보이지 않는다. 코로나19 초기에 국제항공 운송 체제가 여러 가지 어려움에 처했는데 국제민간항공기구International Civil Aviation Organization, ICAO도 잘 보이지 않았다.

이렇듯 우리가 알고 있는 국제기구가 정작 필요할 때는 잘 보이지 않는다는 것이 지금의 큰 문제다. 이것은 물론 국제기구만의 책임이 아니다. 애초에 국제기구를 그렇게 만든 국제사회의 책임, 각 국가의 책임이다. 국제사회에 쓰나미가 몰려오거나 태풍이 치는 위급한 상황에서 체계적인 공동 대응을 하지 못하게 만든 국가들의 책임이다. 이것은 지금 우리 국제사회가 직면한 국제 규범 측면에서의 심각한 문제다.

그렇다면 우리는 앞으로의 세계적인 보건 위기에 어떻게 대응할 것인가? 지금은 대대적인 체제 재정비가 필요한 시점이다. 시간이 걸리겠지만 이 작업은 지금 즉시 이루어져야 한다. 국제사회의 대재앙 위기를 극복하기 위해서는 모든 국가와 국제기구의 협력과 협조가 필요한데, 그 협력과 협조를 제대로 이끌어내려면 체제와 규범이 제대로 작동해야 한다.

팬데믹 앞에서 비산하는 국제사회

1969년에 WHO에서 처음 만들어진 '세계보건규칙International Health Regulations, IHR'은 세계적인 감염병 위기 상황에 직면하여 더 높은 수준의 세계보건 대응 체제를 달성하도록 고안된 것이다. WHO가 제정한 세계보건규칙은 지금까지 두 번에 걸쳐 개정되었으며, 2005년에 가장 최근 개정이 있었기에 지금 적용되는 규범을 '2005년 세계보건규칙IHR 2005'이라고 부른다. 이름은 '규칙'이라고 되어 있으나 국제법상 '조약'에 해당한다. 법적 구속력이 있다.

세계 대부분의 국가가 참여하는 이 규칙은 현재 팬데믹에 대응하는 유일한 조약이다. 그런데 왜 2005년에 이 규칙이 개정되었을까? 2003년에 중증급성호흡기증후군인 사스SARS-CoV가 유행했다. 홍콩을 중심으로 확산했던 사스에 대응하기 위해 당시의 경험을 토대로 2005년에 국제보건규칙

개정이 있었는데 이때 개정된 규칙으로 2024년 지금의 사태를 해결한다는 것은 그야말로 어불성설이다. 사스와 코로나19는 모든 면에서 비교 대상이 되지 못한다.

2003년 당시 상황도 심각했지만, 그때 제한적이었던 국제 감염병 경험을 토대로 개정된 세계보건규칙으로 규모와 범위가 너무나 다른 코로나 사태에 어찌 대응하겠는가. 아니나 다를까 이 규칙은 2020년 1월부터 시작된 코로나19 팬데믹에서 뚜렷한 성과를 내지 못했다. 그러니 팬데믹 상황에서 WHO 자체가 우리 시야에서 사라져버린 것이다.

그럼 지금은 누가 우리의 보건 문제를 다루고 있는가? 바로 대한민국 정부다. 미국은 미국 정부이고, 중국은 중국 정부, 일본은 일본 정부가 다룬다. 이처럼 각각의 나라가 각자도생하고 있는 실정이다.

국제사회가 함께 손발을 맞춰 움직여야 체계적인 대응이 되고 국제 감염병 통제가 가능할 텐데, 세계 197개국이 전부 각각 움직이니 제대로 된 대응을 기대하기 힘들 수밖에 없다. 이처럼 내재적 한계가 분명하며 구조적 문제점을 제시하고 있는 것이 세계보건규칙이다. 그리고 이를 운용하는 WHO이다. 다른 국제기구도 처지는 비슷하다.

따라서 지금 우리에게는 국제사회의 여러 규범을 제대로 이해하는 일이 필요하다. 이들 규범의 상호 연관성과 체계성 등을 비롯해 이 모든 상황에 대한 입체적인 이해가 필요하다는 것을 코로나19 사태로 절감하게 되었다.

시대와 국경을 초월하여 연결된 규범

잠시 지브롤터에 주목해보자. 이곳은 지중해의 끝자락, 스페인과 모로코 사이에 있는 조그마한 지역이다. 스페인과 모로코가 거의 맞닿을 듯 있는 해협이 지브롤터 해협이고, 여기서 스페인 쪽 땅이 지브롤터다. 이 지역은 스페인 땅에 붙어 있지만 영국의 해외 영토로 영국의 통치를 받는 곳이다.

다시 시대를 거슬러 1701년으로 가보자. 1701년에 스페인 왕위 계승 전쟁이 있었다. 이 전쟁에서 누가 스페인 왕이 될 것인지를 두고 스페인 내부에 갈등이 있었고 유럽 주요국들은 각각 그중 한쪽을 지원하며 참전했다.

영국은 새로 스페인 왕이 된 쪽을 지원해서 결국 성공했다. 그 결과 영국은 1713년에 네덜란드 위트레흐트에서 체결한 위트레흐트 조약에 따라 지브롤터를 획득한다. 그러니까 이곳은 어언 300여 년간 영국 땅이었다. 그런데 예상치 못한 브렉시트로 인해 영국이 EU에서 떠나면서 지브롤터와 스페인 간에도 다시 국경이 생기게 된다.

그동안에도 물론 국경은 있었다. 그러나 영국과 스페인 모두 EU 회원국이다 보니 지브롤터가 영국 땅이건 스페인 땅이건 구별할 이유가 없었다. 하지만 지금은 브렉시트로 이곳이 영국 땅이라는 사실이 다시 한번 물리적으로 그리고 시각적으로 확인된 셈이다. 원래 스페인은 오랜 기간 지브롤터가 자신들 땅이므로 돌려달라는 주장을 계속했지만, 영국이 일언지하에 이를 거절했었다. EU 체제 내에서는 그간 이 분쟁이 잠잠해졌다가 브렉시트로 영국이 떠나가게 되니, 지브롤터 영유권 문제를 두고 영국과 스페인 간에 이견이 다시 분출되는 모습이다.

1713년의 조약과 2020년의 브렉시트 사이에는 300년의 시차가 있지만 결국 서로 밀접하게 연관되어 있다. EU 탈퇴가 지브롤터 문제로 이어질 것이라곤 영국도 미처 생각하지 못했을 것이다. 국가에 영향을 미치는 규범이라면 연쇄 고리를 통해서 다른 영역의 조약, 다른 영역의 국제관계에 순차적으로 영향을 초래할 수밖에 없다. 모든 국제 규범은 상호 연결되어 있고 직접적이든 간접적이든 서로 영향을 주고

받는다. 그러므로 어떤 사안을 볼 때 해당 규범만 봐서는 안 되고, 그 규범과 연관된 다른 것들도 아울러 살펴보는 일이 중요하다. 그 대표적 사례로 지브롤터를 언급한 것이다.

얼마 전에는 영국 항공기가 지브롤터에 직항으로 취항한 것을 기념하는 장면이 화제가 된 적이 있는데, 지브롤터 공항에서 소방차가 물을 뿌리며 런던발 여객기를 환영하는 모습이었다. 흔히 새로운 비행기가 도입되거나 새로운 노선이 열릴 때 공항에서는 이런 행사를 벌인다.

최근 개항한 영국과 지브롤터 간 직항 노선은 결국 브렉시트의 파급 효과다. 영국 입장에서는 지브롤터를 안전하게 관리하기 위해 영국과의 연결점을 늘려야 한다. 그래서 지브롤터에 영국인 거주를 늘리고 영국과의 항공편도 늘리는 일이 필요한 것이다. 반대로 스페인은 지브롤터를 어떻게든 자국의 경제적 영향권 아래 묶어두기 위해 다양한 시도를 할 것이다. 앞으로 영국과의 접촉점이 어떻게 늘어날지, 그리고 이에 대해 스페인은 어떻게 반응할지 귀추가 주목된다.

새 질서로 다시 쓰는
인류의 미래

우리는 수몰되고 있다

지구 온난화는 심각한 국제사회의 재앙이지만, 온난화가 초래하는 여러 상황 중에서 우리가 생각하지 못했던 부분도 있다. 우리 생활에서 지금 이런 변화들이 일어나고 있다.

가령 지구 온난화의 결과, 따뜻하고 습한 동남아시아 기후와는 거리가 멀었던 우리나라에서도 열대과일인 바나나가 재배되기 시작했다. 제주도에서 바나나 재배를 하는 건 이미 알고 있지만, 현재 새롭게 바나나 농사가 시작되는 곳은 다름 아닌 전라남도 광양시다. 이곳에서 상업적인 바나나 재배가 가능해졌고, 그 결과 이제 학교 급식으로까지 바나나를 제공한다고 한다. 온난화로 한반도에 바나나가 본격적으로 상륙하게 된 것이다.

우리나라에서 바나나가 재배된다는 것이 신기하기는 하지만, 지구 온난화로 인한 환경 변화는 치명적인 결과를 초래하고 있다. 감염병이 늘어나고 그 확산 속도도 빨라진다. 또한 지금 추세면 해수면 상승으로 많은 국가의 영토가 줄어들거나 심지어 일부 저지대 국가는 수몰되는 현상이 발생하는 등 여러 문제점이 나타날 수 있다.

이에 따라 남태평양 중앙에 위치한 섬나라 투발루의 외무장관 사이먼 코페는 기후 변화로 인해 수몰 위기에 놓인 투발루의 현실을 알리기 위해 직접 나서기도 했다. 남태평양에 있는 도서 국가 투발루는 현재 지구 온난화의 직접적인 피해를 받고 있는 곳이다.

2021년 11월에 있었던 제26차 UN 기후변화협약 당사국 총회COP 26에서 공개된 동영상에는 사이먼 코페 장관이 허벅지까지 차오른 물속에서 바짓가랑이를 걷어 올린 채 연단을 세워놓고 성명을 발표하는 장면이 담겨 있다.[2] 이곳은 과거 육지였던 곳이다. 여기서 코페 장관은 "우리는 수몰되고 있다"라며 "바닷물이 계속 차오르고 있는 상황에서 말뿐인 약속만을 기다릴 여유가 없다"라고 호소했다. 그는 국제사회가

'기후 이동성climate mobility'을 최우선으로 고려해서 과감한 대안을 내놓아야 함을 강조했다. 여유롭게 논의만 할 시간적 여유가 없음을 투발루는 호소하고 있는 것이다.

해수면 상승으로 카리브해 연안 국가들과 남태평양 도서 국가들이 그야말로 생존 위협을 받고 있는데, 지구 온난화는 곧 모든 국가와 개인이 실감하게 될 지구의 최대 재앙이다.

조각난 세계를 하나로 모으려면

지난 30년간 지구의 온도 상승 폭이 인류 탄생 이후 전체 활동 기간의 온도 상승 폭보다 더 빠르다고 하니 놀라운 일이 아닐 수 없다. 그런데 앞으로 이 속도가 더 빨라진다고 하면, 지금으로부터 50년 후, 100년 후에는 투발루 외무장관 말마따나 도서 국가들의 상당 부분이 물에 잠길 가능성이 크다. 저지대 해안가에 있는 대도시들도 상당 부분이 물에 잠기거나 그 주변 육지 영역이 축소될 것이다. 뉴욕도 그렇고 바르셀로나도 그렇다.

기후변화 대응은 인류의 미래를 좌지우지하는 시급한 현안이다. 그러나 국제사회의 진정한 협력은 여전히 난망하다.

코로나19 때와 똑같다. 규범은 파편화되었다. 기후변화에 대해 국제 통상 규범이 동쪽을 가리키면, 국제 환경 규범은 서쪽을, 국제 보건 규범은 북쪽을, 국제 인권 규범은 남쪽을 가리킨다. 이와 같은 상황에서 각국 정부는 환경 규범도 지켜야 하고, 통상 규범, 인권 규범, 보건 규범도 모두 지켜야 한다. 그러니 이게 얼마나 복잡한 문제인가?

규범의 파편화 현상은 이렇듯 난감한 상황을 초래한다. 박자와 멜로디, 리듬과 동작이 하나도 맞지 않는 상태에서는 조율된 대응책이 나올 수가 없다. 각각의 규범이 자신의 순서와 춤 동작만을 생각한다. 여러 규범이 모두, 그리고 동시에 작동하려면 이들을 동시에 포섭하는 '안무'가 필수적이다. 누군가는 나서서 안무를 짜야 한다. 지금처럼 일관된 안무 없이 모든 규범이 따로 노는 상황에서 국제사회는 오락가락할 수밖에 없다.

규범의 파편화 현상은 또한 국제기구의 사일로^{silo} 현상을 가져오기 마련이다. 큰 농장에 가면 사료를 쌓아놓는 아주 길고 높은 탑이 있는데 그게 바로 사일로다. 국제기구의 사일로 현상이란 바로 각각의 사일로가 따로따로 있다는 것이다. 국제기구가 각각 성처럼 존재하며 서로 소통하지 않고 저마다의 장벽을 쌓고 있다는 말이다. 지구 온난화 문제도 여러 국제기구가 각각의 사일로를 벗어나지 못하고 있다. 그러니 우리는 앞으로 어떻게 지구 온난화 위기에 대응할 것인가?

고래 사냥으로 살펴보는 국제사회의 환경 분쟁

2013년 6월, 호주와 일본은 ICJ 공개 심리에 출석했다. 환경 보호를 이슈로 하는 첨예한 분쟁 때문이었다. 고래잡이, 즉 포경 산업 억제를 위한 국제 포경 금지 협약International Convention for the Regulation of Whaling을 일본이 위반했다는 이유로 2011년 호주가 일본을 ICJ에 제소한 사건이다.[3]

이에 일본은 자신들의 포경 활동이 일반적인 상업 포경이 아니라 과학 연구를 위한 포경이라고 주장했다. 포경 금지 협약을 보면 사실 과학 연구 활동은 포경 금지의 예외로 취급하는 조항이 있는데, 이에 일본이 자국의 포경 활동이 과학 연구용이라 주장하며 빠져나가려 했다. 하지만 2014년 ICJ 판결에서 결국 일본이 지고 호주가 승리했다.[4] 일본의 포경 활동이 상업적 활동이고 이에 따라 국제 포경 금지 협약을 위반했다는 결론이다.

호주와 뉴질랜드는 국제 해양생물자원 보호에 가장 앞

장서는 국가들인 반면, 일본은 해양 수산 활동을 가장 활발하게 하는 국가다. 호주, 뉴질랜드와 일본은 국제 지정학적 측면에서는 미국을 중심으로 서로 가까운 국가들이지만 환경 측면에서는 대척점에 있다. 그래서 이들 간에 해양수산자원 보호 문제로 UN 식량농업기구^{Food and Agriculture Organization of the UN, FAO}에서도 분쟁이 있었고, WTO에서도 다툼이 있었으며, 이제 이들은 ICJ에서까지 국제분쟁으로 맞서게 된 것이다.

해양생물자원 보호는 현재 국제사회의 주요한 화두로 떠오르는 문제다. 2021년 FAO 통계에 따르면 세계 어족 자원의 35퍼센트가 점점 멸종 위기로 가고 있다고 한다. 이러한 상황이 계속 이어지면 대략 30년 후에는 지금 우리가 알고 있는 어종의 3분의 1이 영원히 사라진다는 것이다. 국제사회의 큰 위기가 아닐 수 없는데, 그 위기를 단적으로 보여주는 분쟁이 바로 호주와 일본 간에 벌어진 일련의 환경 분쟁이다. ICJ에서 전개된 포경 분쟁은 그 연장선상에 있다.

그리고 2022년 6월 17일, 스위스 제네바에서 열린 WTO 제12차 각료회의에서는 해양 환경보호 측면에서 한 발 더 진전된 합의가 있었다. 바로 수산 보조금을 금지하도록 하는 합의다.[5] 세계 어족 자원이 점점 줄어드는 원인 중 하나가 바로 국가들이 수산업 활성화에 주는 지원금 때문이니, 이러한 국가 지원금을 더 이상 주지 말자는 것이다.

호주와 일본 간의 분쟁처럼 여기에서도 서로 다른 두 입장이 부딪쳤다. 한쪽은 미국, 캐나다, 호주, 뉴질랜드처럼 수산업보다는 환경을 생각하는 입장이고, 또 한쪽은 일본, 중국, 한국, 대만, EU 등 수산업 진흥국들의 입장이다. 이 두 그룹이 첨예하게 맞섰지만, 다행히 타협안이 도출되어 모두가 일단 일부 수산 보조금을 금지한다는 대전제에 합의했다.

국제 규범의 거울 속 대한민국

앞서 1883년에 체결된 조영수호통상조약을 언급했는데, 그보다 한 해 앞선 1882년에는 조미수호통상조약이 있었다. 조미수호통상조약은 우리나라가 서방 국가와 체결한 최초의 조약이다. 이 조약의 결과, 1887년에 초대 주미대사 박정양이 미국에 파견되어 이듬해 미국에 도착했는데, 당시 박정양의 미국 활동을 담은 사진이 최근 발견되어 화제가 된 일이 있었다.

다음 사진이 그것으로, 워싱턴 DC 인근에 있는 초대 미국

세계 무대에 데뷔한 조선

대통령 조지 워싱턴의 집 '마운트 버넌'을 방문한 모습이다. 이것이 우리나라 공식 외교관원이 미국 기관을 방문한 가장 오래된 사진이라고 한다. 그런데 박정양이 마운트 버넌을 방문했을 때 청나라의 반발이 심했다고 한다. 청나라는 당시 조선의 독자적 외교 활동을 어떻게든 막아보려 했으나, 이에 굴하지 않고 조선이 꿋꿋이 외교 활동을 했다는 것이 사진으로 증명된 셈이다. 국가 간 적용되는 규범인 국제법에 따라 여러 국가들과 외교 관계를 맺고, 외교 활동을 전개하는 모습은 여러 생각할 거리를 제시한다. 강대국의 정치적·외교적 외압에 맞서는 여러 수단이 있는데 그중 하나가 바로 규범이다. 국제법이다.

1882년 조미수호통상조약 이후의 우리나라 외교 활동을 보면, 그 시대의 우리나라 위상을 가늠할 수 있다. 지극히 어려웠던 시절이지만 국제사회의 규범을 나름 이리저리 활용하여 활로를 모색하는 모습을 볼 수 있다. 앞에서도 언급한 바와 같이, 지금 우리는 세상의 규범이라는 거울에 우리 모습을 자주 비춰보아야 한다. 이 거울이란 바로 국제규범을 뜻한다. 여기에는 조약도 있고 관습국제법도 있다. 우리의 조상들이 조약 체결과 외교에 힘썼던 것처럼, 국제규범의 거울에 현재 우리 활동이 어떻게 비추어지는지, 우리 생각이 국제사회에 제대로 전달되고 있는지 등을 지속적으로 세밀하게 살피는 작업이 너무도 절실하다.

올바른 규범의 출발, 정확한 언어

반포지하차도를 지나다 보면, 입구에 반포지하차도를 우리말 소리 그대로 영어로 써놓은 것을 볼 수 있다. 'Banpojihachado'가 그것이다. 이것은 한국 사람에게는 아무 의미가 없는 표시고, 게다가 외국 사람은 전혀 알아보지 못하는 말이다. 우리의 상황을 외국에 알린다는 측면에서 보면 영어로 쓰였지만 전혀 소통이 이루어지지 않는 것이다.

사소하지만, 이는 국제 규범 맥락에서 볼 때 지금 우리의 현실을 방증하는 것이 아닌가 싶어 씁쓸해진다.

언젠가 KBS 뉴스 보도에서도 이와 같은 국제적 소통의 장벽을 지적한 일이 있다. 보도는 동대문 평화시장 표기가 한 군데는 'Peace Market'으로, 바로 옆쪽에서는 'Pyeonghwa market'으로 되어 있는 것, 그리고 한남동에 있는 남아프리카공화국 대사관이 'Namapeurika Gonghwaguk Embassy'로 표기되어 있는 것을 지적했다. 기자가 그 앞을 지나가는 외국인에게 물어봤더니 당연히 이해할 수 없다는 반응이었다.[6] 우리말이지만 우리말이 아닌, 영어이면서 영어가 아닌, 국제화되었지만 국제화가 아닌 일이 우리 주변엔 많다.

세상의 거울에 우리 모습을 비춰본다는 게 바로 이런 의미다. 단순히 영어식 표기를 정확히 하자는 것이 아니라 국제사회 규범 측면에서 소통의 문제를 말하는 것이다. 우리의 생각을 국제사회에 전달하려면 정확한 언어로 의사를 표현해야 한다. 이때의 언어는 영어나 프랑스어, 중국어를 말하는 게 아니라 국제사회를 아우르는 규범으로서의 언어를 뜻한다.

이해할 수 있는 규범, 이해할 수 있는 언어로 설명해야 한국의 입장을 명확히 전달할 수 있다. 그래야만 북극해에 관한, 우주 규범에 관한, 아르테미스 약정에 관한, 디지털 협정에 관한, 코로나19 대응 조약에 관한 우리의 입장을 확실히 전할 수 있다. 그리고 국제사회 논의를 이끌어갈 수 있다.

일상에 스며든 국제법

우주가 우리 생각보다 가깝다고 했는데, 국제법도 사실 생각보다 가까이 있다. 예컨대 휴대폰의 GPS 기능은 국제 규범의 결과다. 애플의 아이폰은 국제 규범에 따른 교역으로 우리 손에 왔으며, 우리 스마트폰 역시 국제 규범에 따라 만들어지고 수출된다. 즉 우리 주변에서 벌어지는 모든 일이 국제 규범에 따라 이루어지고 있다.

언젠가부터 편의점에서 담배 판매대가 판매자 앞쪽에서 뒤쪽으로 이동했다. 이것 역시 2003년 WHO에서 채택되어 2005년 발효한 담배 규제 협약Framework Convention on Tobacco Control, FCTC 때문이다. 담배 규제 협약 제10조에 따르면 회원국은 담배 판매를 제한하는 조치를 취하게 되어 있는데, 그중 하나가 담배 판매대를 판매자 뒤에 둔다는 것이다.[7] 그러니까 편의점에서 담배 위치가 변경된 것이 어느 날 갑자기 편의점 주인들의 마음이 바뀌거나 본사의 지침이 달라져서 그렇게 된 것이 아니라는 말이다. 국제 규범이 동네 편의점에까지 적용된 것이다.

이처럼 국제 규범은 생각보다 우리 가까이 있다. 그래서 관심을 갖고 지켜보면 우리 실생활에서 다양한 국제 규범과 국제법의 적용 사례를 찾아볼 수 있다. 우리 일상생활의 대부분이 직·간접적으로 국제 규범의 결과이거나 그 영향을 받고 있다. 국제법은 대통령이나 외교장관이나 ICJ에서만 다루는 문제라는 생각은 정확하지 않다.

이태원에 있는 한 건물 4층에는 주한가봉대사관이 있다. 흔히 대사관이라고 하면 광화문이나 시청, 안국동에 있는 여러 대사관을 떠올리는데 실제로는 우리 주변 동네에도 대사관이 많이 있다. 한번 주변을 둘러보자.

그런데 이들 대사관에 적용되는 규범은 국제 규범으로 이 건물 4층에 있는 주한가봉대사관은 다른 층에 있는 은행 및 내과나 치과와는 다른 규범을 적용받는다. 즉 건물주는 이 대사관에 어떤 불미스러운 일이 있어도 퇴거 요청을 하지 못한다. 가령 임대료를 내지 않아도 퇴거시킬 수 없다. 이는 1961년 외교 관계에 관한 비엔나 협약의 적용 결과다.

건물주나 부동산에서 이런 상황을 알고 있을까? 여러 관청과 학교에는 지금 외국인과 외국 학생이 넘쳐난다. 이들을 대하는 매 순간이 국제 규범이 적용되는 때다. 과연 담당자들은 이를 인지하고 있을까?

위기 탈출의 버튼을 누르다

지금까지 위기의 국제 체제를 이야기했는데 정리해보면 이렇다. 다자주의 체제의 와해, 국제화와 반국제화의 공존, 신냉전의 도래, 국제분쟁의 증가, 인류 공존과 번영의 위기 등 참으로 복잡한 상황이 동시에 전개되고 있다. 전례 없는 지금의 위기 상황을 어떻게 이겨내는지가 앞으로의 미래를 결정하는 중요한 지표가 될 것이다.

이제 우리의 미래는 여러 다양한 국제 규범을 어떻게 이해하고, 어떻게 이 체제에 참여해서 우리의 생각을 반영해 적극적으로 새로운 규범을 형성하는가에 달려 있다는 것을 이해했을 것이다. 모든 일에서 그렇듯 위기는 동시에 새로운 기회이기도 하다. 국제 규범을 전략적으로 이해하고 활용하는 접근으로 위기를 기회로 만드는 일에 모두가 깊은 관심을 가지게 되기를 바란다.

Q 묻고

답하기 A

코로나바이러스처럼 특정 국가에서 처음 시작된 문제는 해당 국가에게만 국제적 책임을 물을 수 있는가?

간단하게 답한다면 일단 해당 국가에게 책임을 물을 수 있다. 다만 문제는 책임의 범위다. 어디까지 책임을 물을 수 있는지가 논쟁의 대상이 된다. 법적 책임은 당사자의 잘못이 초래한 부분까지만 그 대상에 해당하며 행위의 모든 결과가 자동적으로 여기 포함되지는 않는다. 그러한즉 문제를 촉발한 국가의 책임, 이후에 방어 또는 예방을 제대로 못 한 국가의 책임 등 여러 차원의 다양한 책임이 논의될 수 있다. 제 역할을 제대로 수행하지 못했다면 국제기구의 책임 역시 간과할 수 없다. 따라서 코로나바이러스에 대한 각 국가의 책임 정도와 범위를 잘 나누는 게 앞으로 규범 측면에서의 논의 과정에서도 큰 과제다.

사실 코로나 사태에 대해서는 누구에게 책임을 물을지, 어느 국가가 이 상황에 책임을 져야 할지에 대한 논의가 머지않아 시작될 가능성이 높다. 이제 코로나 사태가 진정되고 일상으로 돌아왔기 때문이다. 그러면 국가 간의 다툼이 본격화될 터인데, 여기에도 신냉전 체제의 갈등이 개입될 수밖에 없다. 그렇지 않아도 러시아-우크라이나 전쟁까지 겹쳐 국제사회 갈등이 지금 심각한 상태인데, 코로나 책임론까지 합쳐지면 갈등의 양상은 훨씬 깊고 복잡해질 것이다.

따라서 모든 국가가 이 문제에 대해 성숙한 대응을 할 수 있어야 하고, 국제사회도 공동체 의식에 기초해서 해결책을 찾도록 협력하는 일이 필요하다. 물론 잘못된 부분은 지적해야 하고, 법적으로도 책임질 필요가 있는 국가는 합당한 책임을 지는 것이 필요하다. 하지만 그와 함께 기본적으로 세계 시민으로서의 공동체 의식을 갖는 것이 중요하다고 하겠다. 그중 하나가 다른 국가의 책임뿐 아니라 자국의 책임, 국제기구의 책임 역시 객관적으로 평가하는 것이다.

우크라이나 침공과 관련하여 러시아의 지도자들의 국제법 위반에 대해 특별재판소를 만들어서라도 처벌할 수 있다는 뉴스를 보았는데, 이에 대한 의견은 어떠한가?

전쟁 범죄에 대해서는 지금 국제사회가 해당 개인을 직접 처벌할 수 있다. 물론 원래부터 그랬던 것은 아니다. 이전에는 국제법을 위반한 개개인에 대해 책임을 물을 수 있는 것은 그 국가의 국내

법정뿐이었다. 그러나 국제법을 위반한 개인이 국가 지도자 혹은 고위 관료라면, 국내 법정이 이들을 처벌하기는 매우 힘들다. 그렇기 때문에 국가들은 국제 질서를 수호하고, 향후 유사한 범죄 행위를 막기 위해 국제법에서 심각하게 일탈한 특정 행위를 국제 범죄로 규정하고 이를 범한 개인을 국제사회가 처벌하는 제도를 도입했다. 이에 대한 규범도 확립했다.

그렇다면 무엇이 국제법에서 심각하게 일탈한 범죄 행위일까? 제노사이드genocide(집단 살해), 고문이나 신체적 위해와 같이 인도humanity에 반하는 행위, 침략 행위, 국가 간 무력 충돌 과정에서 일어난 전쟁 범죄가 그 예다.

따라서 러시아의 국제법 위반, 침략 전쟁 행위를 주도한 의사 결정자들에 대한 책임 문제는 그간의 법리에 따라 충분히 검토하고 논의될 수 있다.

하지만 단순하게 책임이 있다, 없다고 하는 법적 결론을 도출하는 것은 아직은 시기상조인 것 같고, 여기에는 정확한 사실관계 확인과 함께 여러 가지 법적 요건을 충족해야 하는 문제가 있다. 다만 어느 누구도 자신이 범한 국제법상 국제범죄로부터 벗어나기 어렵다는 큰 원칙에서 보면, 이 문제도 여건이 성숙하면 국제법원에서 관련 재판이 가능한 일이라고 할 수 있다.

식량 위기가 심각하다는 뉴스가 있다.
식량 분쟁이 일어났을 때 국제법 관점
에서의 해결책이 있는가?

식량 위기는 국제적 재앙의 또 다른 측면이기도 한데, 코로나19는 물론 러시아-우크라이나 전쟁으로 더 심각해진 상태다. 러시아와 우크라이나가 그간 세계 밀 수출의 상당량을 점유했었는데 전쟁으로 수출이 차단된 이후 모든 국가가 어려움을 겪고 있다.

국제사회에서 식량 분쟁의 해결은 사실상 이 문제를 우리가 어떻게 이해하는지에 달려 있다.

기본적으로 어느 국가에도 자기 나라의 생존을 위해 필요한 식재료를 다른 나라로 반드시 수출하도록 강제할 수는 없다. 이러한 규범도 존재하지 않는다. 따라서 자국의 수요를 충당하기 위해서 식량 수출 제한을 채택하는 경우, 그 자체를 국제 규범 위반이라고 보기는 어렵다.

물론 정당한 근거가 없는 수출 제한 조치는 통상 협정 위반으로 이어질 가능성이 있지만, 자국민 보호 차원에서 이루어진 것이라면 예외에 해당할 여지가 있다. 다만 식량을 무기화해서 다른 나라의 국민을 일부러 기아 상태에 빠지게 한다면 이는 국제 규범 위반이라고 볼 수 있다.

정치적, 외교적 목적을 달성하고자 식량을 무기화하는 것은 용납할 수 없는 일이다. 기본적 인권 침해 문제로 귀결될 수도 있다. 그러므로 식량 분쟁은 그것을 어떤 의미로 파악하느냐에 따라 다양한 시각에서 바라보고 평가할 수 있다.

일상에 적용되는 다양한 국제법 사례
가 더 있다면?

국제법은 기본적으로 국가와 국가 간의 관계를 다루는 법이다. 그렇다 보니 '나와는 상관없겠지?'라고 생각하는 경우도 많을 것이다. '영화에서처럼 내가 해외에서 범죄를 저질러서 범죄인이 되는 경우가 있겠어' 혹은 '해외에서 불미스러운 사고가 생겨 영사관에 가는 일들은 없겠지'라고 생각할지도 모른다. 그렇지만 국제법은 이보다 더 단순하고 간단하고 우리 일상과 가까운 곳에서도 적용된다.

국제법은 일상생활 곳곳에 스며 있다. 편의점에 가면 독일의 하리보 젤리, 미국의 허쉬 초콜릿, 프랑스의 페리에 탄산수를 비롯해 다양한 간식거리를 볼 수 있다. 이렇게 달달하고 쫀득한 디저트에도 국제법이 쏙쏙 박혀 있다. 자그마한 간식을 우리나라에 수입할 때도 얼마만큼의 세금을 부과해야 하는지를 정하고 국제 규범에 따라 안전한 식품을 유통하기 위해 식품안전 규정과 관련된 국제 기준을 따라야 한다. 이러한 국제 규범에는 양자 간 무역협정과 WTO 협정 등이 있다. 식품 위생을 다루는 국제 기준은 코덱스^{Codex} 국제식품규격이 있다.

또 다른 사례를 생각해보자. 우리가 하루에 몇십 번씩 찾아보는 유튜브나 인스타그램에도 국제법이 숨어 있다. 개인정보와 지적재산권을 보호하고, 어떤 유형의 콘텐츠를 규제해야 하는지와 관련해서도 국제법적 요소가 자리잡고 있다. 유해 내용을 게시한 인터넷 플랫폼 기업을 처벌하고, 이들을 규제하는 것도 국제법의 틀 내에서 이루어진다. 가만히 보면 국제화된 지금 세상에서는 우리 주변의 여러 일들을 국제적으로 처리하려면 어떻게든 국제법을 통해야만 가능하다. 국제법이 없어진다면 우리의 일상은 단조롭고 지루하고 혼란스럽기 짝이 없을 것이다. 소통과 교류가 차단된 각각의 국가의 '사일로' 속에서만 살아야 하기 때문이다.

새로운 승자의 무기, 국제법

국제법이라고 하면 멋있게 느껴질 수도 있고 어렵거나 진부하게 느껴질 수도 있다. '국제'라는 말이 멋있다고 생각하여 국제법 공부를 다짐했지만, 다른 책에 비해 두세 배가 되는 양에 겁을 먹었을지도 모른다.

그렇다면 국제법이란 무엇일까? 쉽게 이야기하면 국제법은 국가와 국가 간의 관계를 법적으로 다루는 학문이다. 한국 국내법이 한국 국민들에게 적용되는 법인 것처럼, 국제법은 한국과 미국, 한국과 중국에 적용되는 규범이다.

국가 간의 관계를 다루는 학문이니, 개개인과는 관련이 없다고 느낄지도 모른다. 그러나 앞에서 말했듯이, 국제법은 우리의 일상생활 곳곳에 숨어 있다. 편의점 담배 가판대가 뒤쪽으로 물러나고, 담배갑에 혐오감을 조장하는 그림을 넣은 것도 흡연율을 줄이자는 취지의 국제 규범이 먼저 스위스 제네바 WHO에서 만들어졌기 때문이다.

국제법에는 매력적인 특징이 있는데, 그것은 바로 합의에 기초한다는 것이다. 대한민국의 국민이라면 당연히 대한민국의 법을 적용받고, 대한민국 국민이 국내에서 법을 어기면 국내 법원에서 재판을 받고 처벌을 받는다.

국제법의 경우 이와는 조금 다르다. 한 나라가 다른 나라와의 영토 분쟁을 국제사법재판소에 회부하기를 원하더라도 그 나라가 이에 동의하지 않는다면 재판은 열리지 않는다. 이처럼 무언가를 지키자고 약속하거나, 심지어는 재판을 받기 위해서도 국가 간의 합의가 필요하다. 이와 같이 국제법과 국제 재판은 국가 간 합의에 기초하고 있다.

그렇다면 한 가지 의문이 들 수 있다. 합의에 기초하므로, 합의하지 않거나 중도에 합의했던 것을 철회할 수 있을 것이다. 그렇다면 국제법은 아무런 쓸모가 없는 것이 아닌가? 2017년 트럼프 전 대통령 취임 이후 미국이 파리 기후변화 협정Paris Agreement에서 중도 탈퇴했던 것처럼 말이다. 그러나 국제 규범을 위반하면 국제적인 비난을 받으며,

추후 국제회의를 진행할 때, 위반국을 빼놓고 회의를 진행하기도 한다. 조약이나 협약에서 탈퇴하면 지속적인 국제적 비난이 뒤따르고 자국 기업과 자국민이 해외에서 다양한 부담을 추가로 지게 된다. 이들 자국 기업과 자국민은 대부분 해당 협약에 가입한 국가들의 영역 내에서 활동하거나 이들과 사업을 진행하기 때문이다. 그러므로 국가가 특정 협약에서 탈퇴하더라도 실제 기업과 국민은 여전히 그 내용을 따르거나 신경 써야 되는 경우가 많다. 탈퇴는 그 순간에만 속이 시원한 '정신승리'에 머무를 가능성이 높다.

따라서 실제 세계 각국은 국제법을 준수하고 있다는 것을 국제사회에 보여주고 싶어 하고, 국제사회의 눈치를 볼 수밖에 없다. 웬만해서는 조약이나 협약에서 탈퇴하지 않는다. 전쟁 중인 러시아의 지속적인 국제법 언급, 이스라엘-하마스 전쟁에서 양측의 지속적인 국제법 언급, 정권 교체 후 기후변화 협약에 재가입한 미국의 예시를 떠올린다면, 이 점을 충분히 이해할 수 있을 것이다.

자, 이제 생각보다 복잡하지 않고, 일상생활에 속속들이 스며 있는 국제법을 항상 마음속에 두고 자주 꺼내 보자.

그렇다면 국제법은 어떻게 공부해야 하는 것일까? 국제법은 국가 간 합의라고 했다. 즉 이전에 합의했던 내용들, 현재 국가가 합의하고 있는 내용들, 앞으로 합의가 필요한 내용들을 모두 합친 것이라고 말할 수 있을 것이다.

그러므로 이 공부를 위해서는 세계사를 공부하고 국제 뉴스를 팔로우업 하는 것이 필수적이다. 또한 이 모든 논의가 이루어지는 의사소통 수단인 영어에 익숙해지는 것도 필요할 것이다.

국제법에 관심이 있다면, 점점 국제무대에서 활동하고 싶은 마음이 커질 것이다. 국제무대 혹은 국제기구에서 활동하기 위해 가장 중요한 것은 전문성을 가지는 것이다. 모든 국제기구는 각 분야에서 일할 준비가 된 전문가 내지 준전문가를 선호한다. 국제기구는 새로운 사람을 채용하여 교육하는 곳과는 거리가 있는 듯하다. 따라서 본인만의 경쟁력, 전문성을 가져야 국제기구에 성공적으로 진출하여 장기적으로 성공할 수 있다.

또한 희망하는 기관의 '트렌드'를 읽어야 한다. 각 국제기구마다 현재 집중하고 있는 분야가 다 다르므로, 트렌드를 읽고, 그 트렌드에 걸맞은 인재가 되어야 한다. 현재 우리 정부는 장기간의 걸쳐 청년들의 국제기구 진출을 위해 국제기구초급전문가[JPO], 펠로십 프로그램과 같은 제도를 운영하고 있다. 국제기구의 인턴십 지원도 아주 좋다. 여러 국제기구에서 정기적으로 인턴십 공고를 웹 사이트에 올린다. 이런 제도를 통해 일단 국제기구로의 첫발을 내딛는 것이 좋은 출발점이 될 수 있다. 자세한 사항은 외교부에서 발행한 국제기구 진출 가이드북을 참조하는 것도 좋다.

우리나라는 지금 세계 6위의 교역 규모, 세계 10위의 경제 규모를 가진 국가가 되었다. 그러나 우리 국민들의 국제기구 진출은 이러한 국가적 위상에 비하면 턱없이 미약하다. 우리 젊은이들의 힘찬 도전과 원대한 성과를 기원한다. 그 출발점은 국제 규범의 기초를 잘 익히는 일이다. 국제기구와 국제사회를 작동시키는 기본 룰이기 때문이다.

주석

1부 세계를 뒤바꿀 신냉전의 서막

1. Ministry of Foreign Affairs of the People's Republic of China, "President Xi Jinping Meets with U.S. President Joe Biden" (2023), available at https://www.fmprc.gov.cn/mfa_eng/zxxx_662805/202311/t20231116_11181442.html

2. The White House, "Remarks by President Obama and President Xi Jinping of the People's Republic of China Before Bilateral Meeting", Office of the Press Secretary - For Immediate Release (Jun. 7, 2013), available at https://obamawhitehouse.archives.gov/the-press-office/2013/06/07/remarks-president-obama-and-president-xi-jinping-peoples-republic-china-

3. George Whitford, "Trouble in the Stars: The Importance of US-China Bilateral Cooperation in Space", Harvard International Review (Oct. 27, 2019), available at https://hir.harvard.edu/trouble-in-the-stars-the-importance-of-us-china-bilateral-cooperation-in-space/

4. '아르테미스 협정'(Artemis Accords)은 2020년 10월에 미국 주도로 체결된 협정으로, 유인 우주인의 달 착륙 및 달 남극 부근의 기지 건설을 목표로 한다. 한편 아르테미스 협정은 미국이 중국을 견제하기 위하여 일본, 영국, 호주를 비롯한 8개국과 함께 연합체를 결성한 것이라는 평가를 받는다. 아르테미스 협정에 관한 내용은 다음을 참조. NASA, "The Artemis Accords", available at https://www.nasa.gov/artemis-accords/

5. U.S. Department of State, "Joint Statement on Arctic Council Cooperation Following Russia's Invasion of Ukraine" (Mar. 3, 2022), available at https://www.state.gov/joint-statement-on-arctic-council-cooperation-following-russias-invasion-of-ukraine/

228

6.　President of Russia, "Joint Statement of Russian Federation and the Peoples Republic of China on the International Relations Entering a New Era and the Global Sustainable Development" (Feb.4, 2022), available at https://cnbc.com

7.　Ministry of Foreign Affairs of the People's Republic of China, "Forging Ahead to Open a New Chapter of China-Russia Friendship, Cooperation and common Development" (Mar.20, 2023), available at https://fmprc.gov.cn

8.　Mari Yamaguchi, "Japan sights China, Russia warships near disputed islands", AP (Jul. 4, 2022), available at https://apnews.com/article/russia-ukraine-china-japan-beijing-2907f714439ae841e9e1bb05ca85e991

9.　The White House, "FACT SHEET: In Asia, President Biden and a Dozen Indo-Pacific Partners Launch the Indo-Pacific Economic Framework for Prosperity" (May 23, 2022), available at https://www.whitehouse.gov/briefing-room/statements-releases/2022/05/23/fact-sheet-in-asia-president-biden-and-a-dozen-indo-pacific-partners-launch-the-indo-pacific-economic-framework-for-prosperity/

10.　권혁철 & 김소연, "중-러 폭격기, 동해상 방공식별구역 무단 진입", 한겨레 (2022. 5. 24), available at https://www.hani.co.kr/arti/politics/defense/1044231.html

11.　Allegations of Genocide under the Convention on the Prevention and Punishment of the Crime of Genocide (Ukraine v. Russian Federation), Application Instituting Proceedings filed in the Registry of the Court on 26 February 2022.

12.　2014년 3월에 러시아가 크림반도를 합병한 이후, 우크라이나는 러시아를 ICJ에 제소하였다. 이후 우크라이나는 2022년 2월 '제노사이드 방지 및 처벌에 관한 협약' 위반으로 러시아를 ICJ에 제소하였으며, 우크라이나의 해당 조치는 러시아의 침공을 받은 지 이틀 만에 이루어진 것이었다. 양국 간 분쟁의 구체적 내용은 다음을 참조. Application of the International Convention for the Suppression of the Financing of Terrorism and of the International Convention the Elimination of All Forms of Racial Discrimination (Ukraine v. Russian Federation), Preliminary Objections, Judgment, I.C.J. Reports 2019,

p. 558; Allegations of Genocide under the Convention on the Prevention and Punishment of the Crime of Genocide (Ukraine v. Russian Federation: 32 States intervening).

13. 2014년 러시아는 크림반도를 합병한 이후 카자흐스탄 등으로 수출되는 우크라이나의 상품이 자국의 영토를 통과하는 것을 금지하는 조치를 취하였다. 이에 우크라이나가 자국의 수출품 통과를 제한한 러시아를 WTO에 제소함에 따라 양국 간 무역분쟁이 발생하였다. 해당 무역분쟁에 관한 내용은 다음을 참조. Russia – Measures Concerning Traffic in Transit from Ukraine, WT/DS512/7 (Apr. 29, 2019).

14. Allegations of Genocide under the Convention on the Prevention and Punishment of the Crime of Genocide (Ukraine v. Russian Federation), Conclusion of the public hearing on the Request for the indication of provisional measures submitted by Ukraine, No. 2022/8 (Mar. 7, 2022).

15. 시진핑 주석은 2013년 7월 하이난성 탄먼의 해상민병대 어선을 방문한 사실이 있으며, 2018년에도 해상민병대의 열병식에 참여한 모습이 우리 언론에 여러 차례 보도된 바 있다. 관련 기사는 다음을 참조. 이현우, "中 남중국해 분쟁의 선봉장, 해상민병대", 아시아경제 (2021.4.11), available at https://view.asiae.co.kr/article/2021041112014282179.

16. "중국 자동차회사 R&D 센터 방문한 시진핑 중국 주석", 연합뉴스 (2020. 7. 24), available at https://www.yna.co.kr/view/PYH20200724133100340

17. 오세진, "[단독] 국제공조요청 10%가 디지털성범죄인 한국… 검거는 '몰라'", 한겨레 (2022.10.07), available at https://www.hani.co.kr/arti/society/women/1061761.html

18. Council of Europe, "Korea/Council of Europe cooperation on cybercrime: ISCR 2023" (Sept. 2023), available at https://www.coe.int/en/web/cybercrime/-/korea/council-of-europe-cooperation-on-cybercrime-iscr-2023; 오수진, "정부, 사이버 범죄 대응 '부다페스트 협약' 가입 첫 절차 돌입", 연합뉴스 (2022.10.11), available at https://www.yna.co.kr/view/AKR20221011141500504

19. 황태정 & 오경식, "범죄 피해자 보호·지원과 지역적·국제적 협력", 『한국피해자학회』, 제26권 제2호 (2018).

20. 국제법을 국내법으로 받아들이는 시스템을 어떻게 구축할 것인지는 각국이 스스로 결정하는 전형적인 국내문제이다. 따라서 일원론이든 이원론이든 또는 이를 혼합한 하이브리드 형이든 각국은 다양한 방식으로 스스로의 제도를 도입하여 운용한다. 예를 들어 우리나라는 헌법 제6조1항에서 우리나라가 일원론을 따르고 있음을 밝히고 있다. 많은 국가들은 일원론을 따르고 있다. 상대적으로 간편한 시스템이기 때문이다. 반면에 영미법계 국가들은 의회의 독자적인 입법권을 전통적으로 강조하고 있어 주로 이원론을 따르고 있다. 이원론은 조약도 반드시 별도의 국내법으로 변형되어 도입되므로 상대적으로 번거로운 절차를 수반한다.

2부 선을 넘는 디지털 시대가 온다

1. 1. Jon Bateman, "US-China Technological 'Decoupling': A strategy and Policy Framework" (Apr. 25, 2022), available at https://carnegieendowment.org/2022/04/25/u.s.-china-technological-decoupling-strategy-and-policy-framework-pub-86897

2. '클린 네트워크'(Clean Network)는 5G 통신망과 모바일 애플리케이션, 해저 케이블, 클라우드 컴퓨터 등에서 미국이 신뢰할 수 없다고 판단한 중국 기업의 제품을 배제하는 정책을 의미한다. 클린 네트워크에 관한 내용은 다음을 참조. U.S. Department of State, "The Clean Network", available at https://2017-2021.state.gov/the-clean-network/; 노희영, "美, '中 사정 봐주지 않겠다' 동맹국에 '클린 네트워크' 참여 목청", 서울경제 (2021.3.12), available at https://www.sedaily.com/NewsView/22JS3TQVZ2

3. Australia-Singapore Digital Economy Agreement (Dec. 8, 2020), p.5, available at https://www.dfat.gov.au/sites/default/files/australia-singapore-digital-economy-agreement.pdf

4. John Crace, "China has fully militarized three islands in South China Sea, US admiral says", The Guardian (Mar. 21, 2022), available at https://www.theguardian.com/world/2022/mar/21/china-has-fully-militarized-three-islands-in-south-china-sea-us-admiral-says

5. Christian Wirth & Valentin Schatz, "South China Sea 'Lawfare': Fighting over the Freedom of Navigation", German Institute of Global and Area Studies (2020).

6. 이도경, "구글, 넷플릭스 등 국내 매출 증가에도 세금은 감소, '조세회피 막

아야'", 서울파이낸스 (2023. 4. 17), available at http://www.seoulfn.com/news/articleView.html?idxno=484201

7. Island revenue authority of Singapore, "Corporate Income Tax Rates", available at https://www.iras.gov.sg/quick-links/tax-rates/corporate-income-tax-rates

8. PWC, "Ireland – Corporate Taxes on corporate income" (Jul. 18, 2023), available at https://taxsummaries.pwc.com/ireland/corporate/taxes-on-corporate-income.

9. OECD, "Statement by the OECD/G20 Inclusive Framework on BEPS on the Two-Pillar Approach to Address the Tax Challenges Arising from the Digitalisation of the Economy", as approved by the OECD/G20 inclusive framework on BEPS on 29-30 January 2020.

3부 이제 세계는 극으로, 우주로 간다

1. 북극 이사회는 1996년 오타와 선언을 통해 설립되었으며 북극 주민 간의 협력, 생물다양성, 기후변화를 비롯한 다양한 문제를 다룬다. 미국과 캐나다를 비롯한 총 8개 회원국으로 구성되며, 원주민 단체는 상시참여그룹(permanent participants)의 자격으로 참여한다. 관련된 내용은 다음을 참조. Arctic Council, "Arctic Council – The leading intergovernmental forum promoting cooperation in the Arctic", available at https://arctic-council.org

2. 북극 이사회의 옵서버(Observers) 지위는 '비북극 국가'(Non-Arctic States), '정부 간 의회 간 기구'(International and Interparliamentary Organizations), '비정부기구'(Non-Governmental Organizations)에게 개방되어 있다. 우리나라를 포함한 총 13개의 비북극 국가가 옵서버의 지위를 갖는다. 관련된 내용은 다음을 참조. Arctic Council, "Arctic Council Observers – List of Artic Council Observers", available at https://arctic-council.org/about/observers/

3. Тетяна Кошлякова, "The Moon as a source of rare-earth metals", The Universe Space Tech (Aug. 17, 2022), available at https://universemagazine.com/en/the-moon-as-a-source-of-rare-earth-metals/; The European Space Agency, "Helium-3 mining on the lunar surface", available at https://www.esa.int/Enabling_Support/Preparing_

for_the_Future/Space_for_Earth/Energy/Helium-3_mining_on_the_lunar_surface

4. '우주 조약'은 1967년에 발효된 우주 관련 조약으로, 오늘날 평화적인 우주 활동의 기초가 되는 조약이다. '우주 조약'의 공식 명칭은 '달과 기타 천체를 포함한 외기권(외우주)의 탐색과 이용에 있어서의 국가활동을 규율하는 원칙에 관한 조약'(Treaty on Principles Governing the Activities of States in the Exploration and Use of Outer Space, including the Moon and the Other Celestial Bodies)이다.

5. '구조협정'은 1968년 발효되었으며, 동 협정에서는 우주조약의 제5조 및 제8조에 명시된 내용에 대하여 보다 상세하게 규정하고 있다. '구조협정'의 공식 명칭은 '우주비행사의 구조 및 송환 및 우주공간에 발사한 물체의 반환에 관한 협정'(Agreement on the Rescue of Astronauts, the Return of Astronauts and the Return of Objects Launched into Outer Space)이다.

6. '책임협정'은 1972년에 발효되었으며, 동 협정에서는 우주조약의 제8조에 명시된 내용을 상세히 설명하고 있다. 본 협정은 자국의 우주 물체가 지구 표면이나 항공기에 끼친 피해 및 기타 우주에서의 과실에 대하여 배상해야 할 발사국의 책임에 대하여 규정하고 있다. '책임협정'의 공식 명칭은 '우주물체로 인한 손해의 국제책임에 관한 협정'(The Convention on International Liability for Damage Caused by Space Objects)이다

7. '등록협정'은 1976년에 발효되었으며 우주 물체와 관련한 당사국의 책임과 범위를 다루고 있다. '등록협정'의 공식 명칭은 '외기권 우주에 발사한 물체의 등록에 관한 협약'(Convention on Registration of Objects Launched into Outer Space)이다.

8. '달협정'은 1984년 발효되었으며 우주조약의 많은 조항들을 재확인 및 상세히 설명하고 있다. 더불어 동 협정은 달과 달의 천연 자원이 인류의 공동 유산이며, 자원의 개발을 위한 국제 체제를 구축하여야 함을 규정하고 있다. '달협정'의 공식 명칭은 '달과 다른 천체에 관한 국가 활동을 규율하는 협정'(Agreement Governing the Activities of States on the Moon and Other Celestial Bodies)이다.

9. "Felix Baumgartner Space Jump World Record 2012", available at https://www.youtube.com/watch?v=vvbN-cWe0A0

10. 중국 국가우주국(China National Space Administration: CNSA)과 러시아 연방 우주공사(Roscosmos)는 '국제달연구기지'를 공동 건설하기 위한 양해각서를 체결한 바 있다. 이후 양국은 2021년 6월 상트페테르부르크에서 개최된 국제우주탐사회의에서 국제달연구기지의 건설 로드맵을 발표하였다. 다음을 참조. Steve Lee Myers, "China and Russia Agree to Explore the Moon Together", The New York Times (Mar. 10, 2021), available at https://www.nytimes.com/2021/03/10/world/asia/china-russia-moon.html; 민지영, "[동향세미나] 러시아, 중국과 국제달연구기지 건설 협력 계획", KIEP 세계지역연구센터 (2021.7.6).

11. '우주개발 진흥법'은 2005년 제정되었으며 이후 여러 차례의 개정을 거쳤다. 우주개발 진흥법은 우주개발을 체계적으로 진흥하고 우주 물체를 효율적으로 관리함으로써 우주 공간을 평화적으로 이용하고 과학적 탐사를 촉진하며, 나아가 국가의 안전보장에 이바지하는 것을 목적으로 한다. 동법 제2조의1에서 규정하는 "우주개발"은 '인공우주물체의 설계, 제작, 발사, 운용 등에 관한 연구활동 및 기술개발활동' 또는 '우주공간의 이용, 탐사 및 이를 촉진하기 위한 활동'이다.

12. '우주조약'의 핵심 조항에서는 '달과 기타 천체를 포함한 외기권'을 해당 조약의 규율 범위로 설정하고 있다. 우주조약 제1조와 제2조는 다음과 같다. 우주조약 제1조: 달과 기타 천체를 포함한 외기권의 탐색과 이용은 그들의 경제적 또는 과학적 발달의 정도와 관계 없이 모든 국가의 이익을 위하여 수행되어야 하며 모든 인류의 활동 범위이어야 한다. (이하 생략). 우주조약 제2조: 달과 기타 천체를 포함한 외기권은 주권의 주장에 의하여 또는 이용과 점유에 의하여 또는 기타 모든 수단에 의한 국가 전용의 대상이 되지 아니한다.

13. "러, '북극해는 내 영토' 깃발 꽂아", 한겨레 (2019. 10. 19), available at https://www.hani.co.kr/arti/international/international_general/226779.html

14. 송현수, "쇄빙연구선 아라온호, 14번째 북극탐사 나선다... 오늘 출항", 부산일보 (2023. 7. 12), available at https://www.busan.com/view/busan/view.php?code=20230712115333390339

15. 북극항로에 관한 정보는 다음을 참조. 외교부, "북극항로" (2016. 9. 9), available at https://tha.mofa.go.kr/www/brd/m_4048/view.do?seq=361710.

16. Daniel F Runde & Henry Ziemer, "Great Power Competition Comes for the South Pole", CSIS (Feb.16, 2023), available at https://csis.org

17. U.S. Department of State, "2023 China Military Power Project" (Oct.19, 2023), available at https://defense.gov

18. 김형자, "온난화가 불러온 또 다른 전쟁, 북극 바달르 잡아라!", 주간조선 (2022.07.20), available at https://chosun.com

19. Thomas Nilsen, "Russia's Coast Guard cooperation with China is a big step, Arctic security experts says", The Barents Observer (Apr.28, 2023), available at https://thebarentsobserver.com

20. 윤신원, "우주에서 발견된 자원, 소유권은 누구에게?", 아시아경제 (2018.03.27), available at https://asiae.co.kr

4부 위기를 기회로 바꾸는 대전환

1. 코로나19 관련 통계는 세계보건기구 (World Health Organization: WHO)의 자료를 참조. WHO, "Number of COVID-19 cases reported to WHO (cumulative total)", available at https://data.who.int/dashboards/covid19/cases?n=c

2. John Crace, "Minister to Address COP 26 Knee Deep in Water to Highlight Climate Crisis and Sea Level Rise", The Guardian (Nov. 8, 2021), available at https://www.theguardian.com/environment/2021/nov/08/tuvalu-minister-to-address-cop26-knee-deep-in-seawater-to-highlight-climate-crisis

3. Whaling in the Antarctic (Australia v. Japan: New Zealand intervening), Judgement, I.C.J. Reports 2014.

4. Whaling in the Antarctic (Australia v. Japan: New Zealand intervening), Judgement, I.C.J. Reports 2014, para. 227.

5. WTO, Agreement on Fisheries Subsidies – Ministerial Decision of 17 June 2022, (WT/L/1144), available at https://docs.wto.org/dol2fe/Pages/SS/directdoc.aspx?filename=q:/WT/MIN22/33.pdf&Open=True

6. KBS 뉴스, "피스마켓? 평화마켓?... 말로만 관광대국, 표지판 '엉터리'"(2014. 10. 30), available at https://www.youtube.com/watch?v=EcijAbpoWkM

7. 2003년 채택되고 2005년 2월 발효된 '담배규제협약'에서는 당사국이 국가, 지역 및 국제적 차원에서 시행하는 담배규제 조치에 대한 기본 틀을 제공한다. '담배규제협약'의 공식 명칭은 '담배의 규제에 관한 세계보건기구 기본협약'이다. 동 협약 제10조는 담배제품의 공개에 관하여 규제하고 있다. 규제 내용은 다음과 같다. 제10조 담배제품의 공개에 관한 규제: 각 당사국은 국내법에 따라 담배제품의 제조업자 및 수입업자가 담배제품의 성분 및 배출물에 관한 정보를 정부당국에 제공하도록 요구하는 효과적인 입법·집행·행정 또는 그 밖의 조치를 채택하고 시행한다. 더 나아가 각 당사국은 담배제품과 그 제품이 발생시키는 배출물의 독성 성분에 관한 정보를 일반인에게 공개하기 위한 효과적인 조치를 채택하고 시행한다.

참고문헌

외국문헌

1. Arctic Council, The Arctic Council: A Quick Guide (2020).

2. Christian Wirth & Valentin Schatz, "South China Sea 'Lawfare': Fighting over the Freedom of Navigation", German Institute of Global and Area Studies, No.5 (2020).

3. Charles J. Dunlap, Jr., "Lawfare", in National Security Law (John Norton Moore et al. eds., 2015).

4. Jesse S. Reeves, "The Treaty of Guadalupe-Hidalgo", The American Historical Review, Vol. 10, No. 2 (1905).

5. Phillip Anz-Meador, John Opiela & Jer-Chyi Liou, "History of on-orbit satellite fragmentations", National Aeronautics and Space Administration, No. NASA/TP-20220019160 (Dec. 2022).

6. Sandeep Gopalan & Fuller, R., "Enforcing international law: States, IOs, and courts", Brooklyn Journal of International Law, Vol. 39, No. 1 (2014).

7. U.S. Department of Defense, Military And Security Developments Involving the People's Republic of China, Annual Report to Congress (2023).

8. WTO, Handbook on Measuring Digital Trade Second edition (2023).

9. WTO, The Crisis in Ukraine: Implications of the war for global trade and development (2022).

국문문헌

1. 김덕주, "국제법과 국내법의 충돌: 국제법의 국내적 적용을 중심으로", 『외

교안보연구소』, 주요국제문제분석 2022-15 (2022).

2. 민지영, "〔동향세미나〕러시아, 중국과 국제달연구기지 건설 협력 계획", 『KIEP』, 세계지역연구센터 (2021).

3. 황태정 & 오경식, "범죄피해자 보호·지원과 지역적·국제적 협력", 『피해자학연구』, 제26권 제2호 (2018).

국제문서

1. Allegations of Genocide Under the Convention on the Prevention and Punishment of the Crime of Genocide (2022).

2. Allegations of Genocide under the Convention on the Prevention and Punishment of the Crime of Genocide (Ukraine v. Russian Federation), Application Instituting Proceedings filed in the Registry of the Court on 26 February 2022.

3. Allegations of Genocide under the Convention on the Prevention and Punishment of the Crime of Genocide (Ukraine v. Russian Federation), Conclusion of the public hearing on the Request for the indication of provisional measures submitted by Ukraine, No. 2022/8 (Mar. 7, 2022).

4. Allegations of Genocide under the Convention on the Prevention and Punishment of the Crime of Genocide (Ukraine v. Russian Federation), Provisional Measures Order of 16 March 2022, I.C.J. Reports 2022, p.211.

5. Application of the International Convention for the Suppression of the Financing of Terrorism and of the International Convention the Elimination of All Forms of Racial Discrimination (Ukraine v. Russian Federation), Preliminary Objections, Judgment, I.C.J. Reports 2019, p.558.

6. Allegations of Genocide under the Convention on the Prevention and Punishment of the Crime of Genocide (Ukraine v. Russian Federation: 32 States intervening).

7. Australia-Singapore Digital Economy Agreement (Dec. 8, 2020), available at https://www.dfat.gov.au/sites/default/files/australia-singapore-

digital-economy-agreement.pdf

8. FAO, "The State of World Fisheries and Aquaculture – Towards Blue Transformation" (2022).

9. Military and Paramilitary Activities in and against Nicaragua (Nicaragua v. United States of America), Merits, Judgement, I.C.J. Reports 1986, p.14.

10. OECD, "OECD/G20 Base Erosion and Profit Shifting Project – Addressing the Tax Challenges Arising from the Digitalisation of the Economy" (Jul. 2020).

11. OECD, "Statement by the OECD/G20 Inclusive Framework on BEPS on the Two-Pillar Approach to Address the Tax Challenges Arising from the Digitalisation of the Economy", as approved by the OECD/G20 inclusive framework on BEPS on 29-30 January 2020.

12. Russia – Measures Concerning the Importation and Transit of Certain Ukrainian Products, WT/DS532/1 (Oct. 19, 2017).

13. Russia – Measures Concerning Traffic in Transit from Ukraine, WT/DS512/7 (Apr. 29, 2019).

14. Russian Federation – Measures Concerning the Exportation of Wood Products, WT/DS608/1 (Feb. 23, 2022).

15. Whaling in the Antarctic (Australia v. Japan: New Zealand intervening), Judgement, I.C.J. Reports 2014.

16. WHO, "WHO Framework Convention on Tobacco Control", No. SEA-Tobacco-6 (2004), available at https://iris.who.int/bitstream/handle/10665/42811/9241591013.pdf?sequence=1

17. WTO, Agreement on Fisheries Subsidies – Ministerial Decision of 17 June 2022, (WT/L/1144), available at https://docs.wto.org/dol2fe/Pages/SS/directdoc.aspx?filename=q:/WT/MIN22/33.pdf&Open=True

KI신서 11802

지배의 법칙

1판 1쇄 인쇄 2024년 3월 4일
1판 1쇄 발행 2024년 3월 11일

지은이 이재민
펴낸이 김영곤
펴낸곳 ㈜북이십일 21세기북스

서가명강팀장 강지은 **서가명강팀** 박강민 서윤아
디자인 THIS-COVER
출판마케팅영업본부장 한충희
마케팅2팀 나은경 정유진 박보미 백다희 이민재
출판영업팀 최명열 김다운 김도연 권채영
제작팀 이영민 권경민

출판등록 2000년 5월 6일 제406-2003-061호
주소 (10881)경기도 파주시 회동길 201(문발동)
대표전화 031-955-2100 **팩스** 031-955-2151 **이메일** book21@book21.co.kr

(주)북이십일 경계를 허무는 콘텐츠 리더

21세기북스 채널에서 도서 정보와 다양한 영상자료, 이벤트를 만나세요!
페이스북 facebook.com/jiinpill21   포스트 post.naver.com/21c_editors
인스타그램 instagram.com/jiinpill21   홈페이지 www.book21.com
유튜브 youtube.com/book21pub
서울대 가지 않아도 들을 수 있는 명강의! 〈서가명강〉
유튜브, 네이버, 팟캐스트에서 '서가명강'을 검색해보세요!

ⓒ 이재민, 2024

ISBN 979-11-7117-490-4 04300
　　　978-89-509-7942-3 (세트)